'같이'가 가치있는 세상

나의 제자 춘도

국립중앙도서관 출판예정도서목록(CIP)

나의 제자 춘도 : '같이'가 가치있는 세상 : 김효경 에세이
/ 지은이 : 김효경. -- 파주 : 범우사, 2018
p. ; cm

ISBN 978-89-08-12432-5 03810 : ₩11000

장애[障碍]
수기(글)[手記]

338.304-KDC6
362.402-DDC23 CIP2018010970

차례

책을 펴내면서

내 생애 많은 시간을 장애아들과 함께 하였다. 돌이켜 생각해 보면 희로애락을 느낄 겨를도 없이 살아 온 것 같다. 즐거운 일이 있을 때도 참아야 했고, 괴롭고 힘든 일을 만났을 때도 표현할 수 없었다. 장애아들 앞에서 마음껏 웃는 것도 죄스러웠고, 괴롭고 힘든 일을 만나더라도 내색할 수가 없었다. 이렇게 지난 내 생애는 자신조차도 버려야 할 만큼 쉽지 않았으나 시간은 모두를 보듬어 주기에 모자람이 없다. 글을 정리하는 내 마음이 마냥 편하고 넉넉한 것도 그러한 이유이리라.

'사람이 나를 알아주지 않아도 성내지 아니하니 군자가 아니겠는가'. 논어에 나오는 말이다. 이 책은 대단한 내용을 갖고 있지 않다. 나만이 써낼 수 있는 내용도 아니다. 그래서 망설이기도 했다. 그럼에도 용기를 낸 것은 나의 경험과 생각이 누군가에게 도움이 되었으면 하는 바람에서다. 앞에 간 사람의 발자국은 뒤에 오는 사람들의 이정표가 될 수 있다는 것을 알기 때문이다. 그러므로 소소한 이야기 몇 장면이지만 이 글을 읽는 사람과 더 나아가 이 땅에 장애를 안고 살아가는 사람들에게 작은 희망의 글이 되었으면 하는 바람이다.

기계 산업의 발달로 인간이 할 수 있는 일이 기계에게 많이 빼앗기고 있다. 지난 해 새롭게 들어선 정부에서도 일자리 창출에 적극적인 방법을 모색하고 있는 줄 안다. 이렇게 지금 우리 사회는 건강한 사람마저도 일자리 얻기가 녹록하지 않은 실정이다. 하물며 장애를 가진 사람은 어떠하겠는가? 기계에게 밀려 삶의 언저리에서 서성이는 많은 사람들, 그 속에 있는 장애인들, 이런 복잡한 현실은 장애인으로 하여금 더욱 더 실망스럽게 하지만 그럼에도 낙담만 하고 있을 순 없다. 저들도 살아야 하기 때문이다.

삶이 단지 살아가는 일뿐이라면 애써 잘 살려는 노력은 무모하리라! 하지만 단 하루를 살더라도 당당하게 살고 싶은 것은 장애인들도 마찬가지다. 타인의 도움에 의지하여 살아가는 타율적인 삶에서 벗어나고 싶은 바람은 죄가 될 수 없다. 그것이 내가 이 책을 써야 할 이유이고 목적이다. 장애인들도 할 수 있다는 것을 나는 보았기 때문에 그 기록들을 모은 것이다.

그동안 나와 함께 근무하면서 힘을 보태주고 격려해 준 특수학교 교사들에게 감사를 드린다. 서툰 글임에도 선뜻 책으로 발간해 주신 범우사 윤재민 사장님도 진심으로 감사하다. 그리고 내가 학교에 성실하게 근무할 수 있도록 묵묵하게 나의 뒤를 지켜준 우리 식구들에게도 고맙다는 말을 하지 않을 수 없다.

나는 이 책의 수익을 장애인 복지에 쓸 예정이다. 내가 건강하게 살아가는 한 잠시도 장애인의 곁을 떠날 수 없을 것 같다. 학교를 떠난 후에라도 어떤 방법으로든 장애인들과 함께 하고자 한다.

2018년 4월 지은이

추천의 글

더 넓은 세상으로 가는 길

단국대학교 특수교육과 박원희 교수

우리나라 건국신화의 교육적 함의는 만인의 평등과 사랑의 실천이다.

시간과 역사의 도전에서 승리한 인간의 시대정신은 생명의 존엄과 그 속에 내재한 무한한 가능성에 대한 확인이며 함께함이다.

변화하는 삶의 무수한 만남에서 사심 없이 협력하는 나눔과 배려의 자세는 우리를 행복의 문으로 안내할 것이다.

국제연합(UN)은 1981년을 세계장애자의 해로 정하고, 모든 국가에 대하여 심신장애자를 위한 복지사업과 기념행사를 추진하도록 권고했다. 이에 따라 우리나라도 같은 해 6월 5일 장애인복지제도의 기초가 된 심신장애자복지법을 제정하여 장애인복지의 제도적 장치를 마련했으며, 1984년에는 장애인 편의시설을 의무화하도록 하는 건축법시행령을 개정하였다.

우리나라의 장애인복지법은 해를 지내면서 구체화, 세분화하여 오늘날에 이르렀다. 이런 과정으로 만들어진 법은 세계 어느 나라에 비해서도 뒤떨어지지 않을 만큼 화려하고 잘 만들어졌다. 그 법대로라면 지금쯤 대한민국의 장애인들은 행복에 겨워 있어야 한다. 하지만 우리 사회에서 장애인들은 그 법에 정해진 대로 행복하게 살고 있는지 의문을 품지 않을 수 없다.

우리나라의 장애인 인권 선언서에서 명시하고 있는 14가지를 보면 장애인복지의 기본이념은 장애인의 완전한 사회 참여와 평등을 통하여 사회통합을 이루는 데 있다. 그러므로 이제는 사회복지와 인간 복지의 영역을 따로 구분하여 지을 게 아니다. 인간을 소외한 사회는 인간 사회가 아니다. 누구든지 인간으로서 존엄과 가치를 존중받으며, 그에 걸맞은 대우를 받을 권리가 있고, 국가·사회의 구성원으로서 정치·경제·사회·문화, 그 밖의 모든 분야의 활동에 참여할 권리가 있다.

하지만 아무리 좋은 법이 있고 제도가 마련되어 있다 할지라도 법이 없어서 범죄가 발생되는 것이 아니듯 위법과 탈법은 법이 있음에도 자행 되듯이 우리 사회가 함께하지 못한다면 법과 제도는 허공에 매달린 장난감에 불과하다. 여기서 장애인들은 소외의 대상으로 떠밀릴 수밖에 없다. 이것이 우리가 극복해야 할 현실이다.

이 책은 한 평생을 장애인과 함께 한 선생님의 살아있는 증언이다. 막연하고 추상적인 설명이나 이야기가 아니라 장애인 삶의 자리에서 보고 느끼고 보듬어 왔던 호소며 하소연 일수도 있다. 앞에서도 언급하였듯이 장애인이 없는 세상이라면 굳이 이런 글이 감동을 주거나 감격스럽지 않겠지만 우리 사회는 그럴 수 없다. 결국 누군가가 나서서 그들에게 사랑을 주어야 하고 그것만으로는 다 할 수 없으므로 법적인 제도가 마련되어야 한다.

아무쪼록 몸으로 부딪히며 쓴 이 한권의 책이 우리 사회에 널리 알려져 더불어 아름답게 살 수 있는 세상을 만드는데 기여했으면 좋겠다. 더 넓은 세상으로 가는 의미 있는 글에 깊은 찬사를 보낸다.

춘도는 선생님만 좋아해

1

이야기 하나부터 열,

사람은 물질로 환산할 수 없는 무한한 가치와 존엄성을 지니고 있는데
물질만능주의가 팽배하고 겉모습을 중시하는 외모지상주의로 흐르는 현실에
장애를 갖고 있는 사람들이 사람답게 살아가는 건 쉬운 일이 아니다.

하나

남현이는 피아니스트다.
몸집이 작아 커다란 피아노 앞에 앉으면
피아노 앞에 인형을 앉혀놓은 것 같다.
작은 손가락으로
건반을 하나하나 누를 때마다
천상의 음률이 흘러나온다.
장애 정도가 심하지 않아
일반학교 특수학급에서 공부를 시작했지만
집단 따돌림을 견디다 못해
우리 학교로 온
장래 피아니스트가 꿈인 남학생이다.
피아노 치는 것 말고도
섬세한 성격과 굳은 의지로
바리스타 자격증을 땄다.
"그거 배워서 뭐 할 거니?"

물으니
“울엄마 커피 만들어 드릴 거에요”
하고 웃는다.

건주는 식사할 때도
체육 경기를 할 때도 휠체어를 탄다.
휠체어는 그의 또 다른 몸이다.
건주도 다른 아이들에 비해
장애 정도가 심하지 않다.
무엇이든 가르치는 대로 잘 따라하는
온순하고 차분한 아이다.
춘도와 유독 친해서
우애 좋은 친형제 같다.
춘도처럼 특별히 드러나는 행동은 하지 않지만
건주 없는 우리 반은 상상할 수 없다.
싸우는 아이들만 보면 달려가 말린다.
아이들은 건주가 말하면
대부분 듣는다.

미영이는 그림을 잘 그려서
유치원 초중학교 때 상도 많이 받았다.
우리 화가 미영이, 하고 부르면
입꼬리가 귀에 닿을 만큼 크게 웃는다.

단순 지적장애를 앓고 있지만
친구들과 선생님에게 애교를 잘 부린다.
겉으로 표현하지 않지만
미영이가 우리 반의 꽃이라고 생각한다.

철완이는 훤칠한 키에 아무리 봐도 잘생겼다.
수업시간에 질문을 해도
대답하지 않을 정도로 말이 없다가
갑자기 공포감을 느끼면 괴성을 지르며 몸부림친다.
수업 시간도 예외는 아니다.

반 아이들은 큰 반응을 보이지 않는다.

칭찬과 따뜻한 관심,
끝없는 사랑으로 지켜봐주는 것이
내가 할 일이라고 생각한다.

무엇이든 잘 먹고
통통한 얼굴에 귀여움이 넘치는
영애는 춘도를 무척 좋아하고 따른다.
춘도와 결혼하겠다고 공공연하게 말하고 다니지만
귀담아 듣는 아이들은 없다.

의찬이는 소심하고 내성적인 아이다.
소통에 문제가 있거나 자기 마음에 거슬리면
반 아이들은 물론 교사들을 닥치는 대로 문다.
지난 일 년 동안 담임을 하면서
한번은 이가 살에 박혀 피멍이 들 정도로
심하게 물린 적이 있었다.

또한 교문만 벗어나도 학교를 찾아오지 못한다.
내가 가르치는 한 해 동안에도
그런 일이 있었다.
민수는 집안 환경이 좋고

부모님의 사랑도 듬뿍 받는 아이다.
다만 정신이 산만해 집중을 못해서
수업 시간에 교사들을 가장 힘들게 하는
아이 중 하나다.
언젠가 다리가 부러져 입원한 적이 있는데
잠시도 누워 있지 못해 부모님을 힘들게 했다.
문병을 갔을 때도
의사 선생님이 주사를 놓지 못할 정도로
잠시도 가만히 있지 않았다.
채혈을 해야 하는데 도저히 할 수 없었다.
그나마 내 말은 듣는 편이어서
어렵게 설득했다.

키가 크고 힘도 센
박춘도.
춘도는 못하는 게 없다.
너그럽고 이해심이 깊어
교사 다음으로 반 전체를 이끌어가는 학생이다.

이렇게 우리 반은 모두 여덟 명이다

둘

춘도는 학급 반장이다.

경기도 남양주시에 있는 우리 학교는
여러 지체장애 아이들이 모여 꿈을 꾸고
좇는 꿈의 자리다.

사람들은 묻는다.
지적장애아들도 꿈이 있느냐고.
그런 말을 들을 때마다 가슴이 녹아 흐른다.

나는 이 세상에 존재하는 모든 사물에는
저마다의 꿈이 있다고 믿는다.
소나무는 소나무의 꿈,

제비꽃은 제비꽃의 꿈,
심지어 파도 앞에 서 있는 갯바위도.

이 세상에 존재하는 모든 것은
하늘을 향해 꿈을 키운다.
장애가 있다는 것만으로
꿈이 없을 거라고 생각하는 건
또 다른 장애다.

누구도 타인과 비교대상이 될 수 없다.
저마다 소중한 존재이기 때문에
타인의 가치를 논할 수 없고
우월이나 경중의 대상이 될 수 없다.
신체적 특징이나 가정환경
혹은 외적인 판단으로
소외되거나 폄하되는 세상은
없어야 한다.

지적장애를 갖고 태어났다는 게
타인과 비교되어야 할 이유는 아니다.
하루살이도 그 자신에겐 소중한 존재이듯
풍뎅이 한 마리도 지상을 꾸며나가는
아름다운 존재다.

하물며
불편한 몸으로 살아간다고 해도
그로 인한 제한과 제약이 따라서는
안된다고 생각한다.

사람은 물질로 환산할 수 없는
무한한 가치와 존엄성을 지니고 있는데
물질만능주의가 팽배하고
겉모습을 중시하는 외모지상주의로 흐르는 현실에
장애를 갖고 있는 사람들이
사람답게 살아가는 건 쉬운 일이 아니다.

우리 학교는 일반학교와 달리
운동장이 넓지 않다.
운동장 한편에 그네와 철봉이 있고
양 끝에는 축구 골대가 서 있다.
축구장이라고 해봐야 몇 걸음 되지 않지만.

아무리 좁은 운동장이라도
넓다고 생각하는 사람이 있다면 넓은 것이다.

우리 학교 아이들이 그렇다.

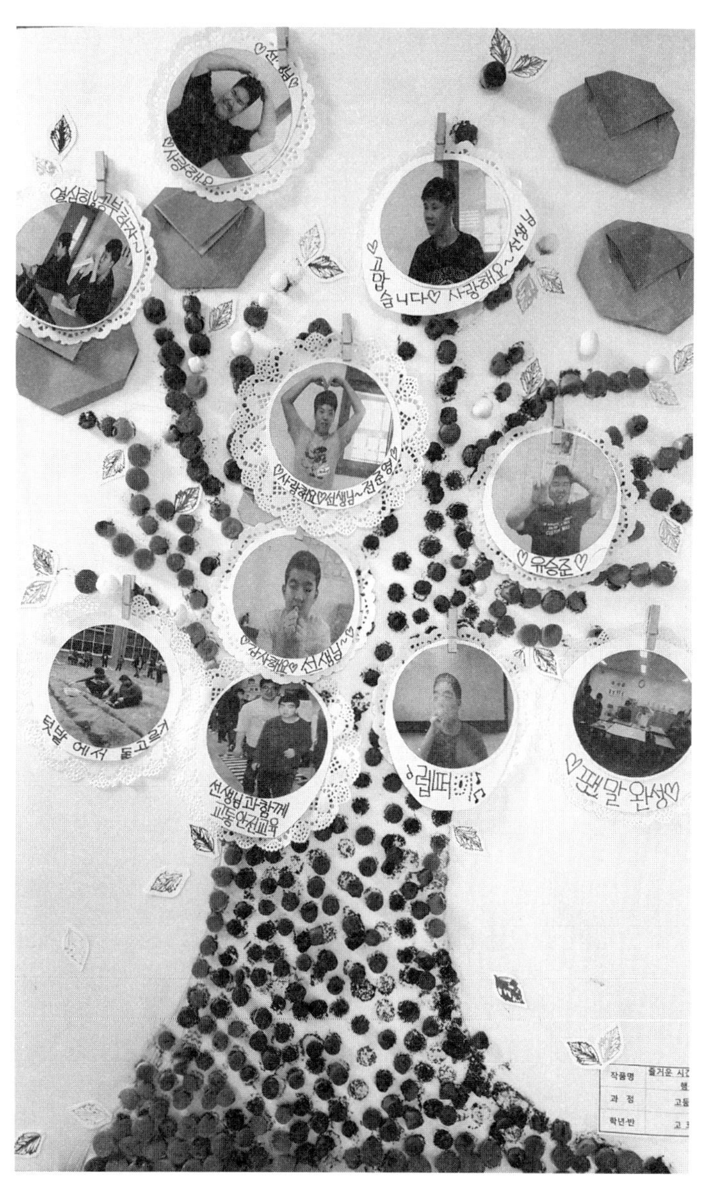

열심히 공부하자~
사랑해요
고맙습니다♡ 사랑해요~선생님
사랑해요♡선생님~전준영
유승준
감사해요♡ 선생님~
텃밭 에서 돌 고르기
선생님과 함께 교통안전교육
팻말 완성
작품명
과 정
학년·반

"우리 학교 운동장이 제일 넓어요."
"너무 넓어서 한 바퀴 돌려면 무척 힘들어요."

아이들은 이 세상에서
우리 학교 운동장이 제일 넓은 줄 안다.
교실에서 내려다보면 한눈에 들어오는 운동장일망정
아이들은 더 넓은 곳,
더 좋은 시설을 바라지 않는다.

나는 오늘도 이 넓은 운동장에서
아이들과 뛰어논다.
축구도 하고 배구도 한다.
골을 왜 넣는지,
자기 골문이 어딘지,
그런 것은 아이들에게 중요하지 않다.
단지 축구는 발로 차는 것,
배구는 손으로 공을 받아내는 것이다.

축구를 할 때 공을 손으로 들고 뛰는 아이들도 있다.
맞서는 상대가 누구인지,
지금 무슨 놀이를 하고 있는지 모르고
왜 상대방 골대에 공을 넣어야 하는지,
이기는 게 무엇인지도 모른다.

알아야 할 이유가 없다는 듯 즐겁기만 하다.

자기편이 누구인지도 관심 밖이다.
운동장에서 노는 아이들이 모두 친구고
그 순간에는 심판 선생님도 친구가 된다.

9월을 지나가는 하늘이
운동장으로 내려와 아이들의 웃음과
발걸음을 파랗게 물들였다.
학교로 들어오는 길목에 코스모스가
살며시 흔들리고 있다.

오후 네시 반,
아이들은 집으로 돌아가고 없다.
노란색 학교 버스가 운동장에서 사라진 지 오래다.
교육청으로 보낼 공문을 마저 정리하고
아이들이 돌아간 빈자리를 한 번 더
훑어본 후 교실을 나섰다.

내 책상 위에는 엊그제
춘도가 꽂아놓은 들국화 다발이
시들어가고 있다.

희망은
볼 수 없는 것을 보고
만질 수 없는 것을 느끼고
불가능한 것을 이룬다.
(헬렌 켈러)

셋

나는 고등학교 1학년인
서른여덟 살 춘도의 담임이다.

갓 부임했거나
나이가 많지 않은 교사들은
춘도를 부르는 데 난처함을 느낀다.
보통 아이들처럼 이름을 부르기엔 나이가 많고
달리 부를 말도 없다.

춘도야, 하고 괜히 미안해한다.
처음에는 아저씨 학생이라고 했다가 웃었다.
춘도 씨, 라고 부르는 교사도 있다.
그러다 조금 익숙해지면 춘도 학생, 이라고 불렀다.

대부분의 교사들은
춘도라는 이름 뒤에 학생 혹은 씨자를 꼭 붙인다.

하지만 나는 그냥 춘도야, 하고 부른다.
담임이기도 하지만
내가 열세 살 더 많고 그보다 큰 이유는
이름을 부르면서 친근하게 다가가고 싶은
마음 때문이다.

물론 처음부터 자연스러웠던 건 아니다.
춘도의 이름을 부르고
왠지 미안한 마음이 드는 건
나도 마찬가지였다.

지난 3월 초,
새 학년이 시작되는 날이었다.
3월이라고는 하지만 날씨가 쌀쌀했다.
얼마 전 내린 폭설이 아직도 음지에 수북이 쌓여 있었다.
썰렁한 날씨 탓에 교실은 더욱 낯설었다.

부임 첫날 교실에 혼자 앉아
둥글게 배치해놓은 책상을 바라보면서
1년간 맡아야 할 아이들이 궁금해졌다.

내가 가르쳐야 할 아이들은
모두 지적장애인이다.

배우고 익히는 학습능력이 조금 모자라고
언어나 신체 등의 중복장애를 겪는 아이들도 있다.
비장애인들과 비교할 수 없는 아이들이다.

5년에 한 번 학교를 옮길 때마다 작은 기대를 한다.
비록 장애를 안고 태어난 아이들이라도
사람으로 살아가는 데 있어 필요한 것은
무엇이든 가르쳐주고 싶다.

누군가 교실로 들어왔다.
운동화 끌리는 소리가 요란하다.
교실에 제일 먼저 들어온 사람은 아무리 봐도
내가 기다리고 있는 아이들은 아니다.
놀란 나와 반대로 아주 태연했다.
멍한 눈으로 그를 쳐다보았다.

하늘색 뉴욕 양키스 야구모자를 눌러쓴
170센티미터가 넘는 건장한 남자는
눈이 마주치자
배에 손을 모으고 공손히 고개를 숙였다.
직감으로 지적장애인임을 알았다.
그도 내가 선생이라는 걸 알아차린 모양이다.
학생이라기에는 나이가 많아 보였다.
그의 정체가 쉽게 정리되지 않았다.

"저, 어떻게 오셨어요?"
그러자 웃고만 있다.
처음에는 학교에서 업무를 보조하거나
허드렛일을 거드는 사람 정도로 생각했는데
제 집처럼 자연스럽게 들어와
가방을 내려놓는 것 아닌가?

"저는 춘도입니다. 박춘도......"

그 말을 듣고서도 정리가 안 됐지만
자신을 밝히고 돌아가 앉는 춘도에게
더 이상 무슨 말을 할 수 없었다.
곧 상황이 밝혀지리라 생각하며
출석부를 열어보았다.

학생 명단에 박춘도라는
이름이 있는 것을 확인하고
그의 얼굴을 다시 한 번 훑어보았다.

"박춘도!"

내가 이름을 부르자
네! 하고 손을 들었다.
교실 한가운데 앉아 있는 아저씨가
우리 반 학생 박춘도라는 것이 확실해졌다.
놀라움과 경이로움이 한번에 몰려왔다.
야릇한 기분에 빠져들었다.

세상에!
이렇게 나이 많은 학생이 있을 줄은

전혀 생각지도 못했다.

춘도는 아무 일 없다는 듯
태연하게 앉아 있었다.
오히려 머쓱한 건 나였다.

아이들이 하나둘 교실로 들어왔다.
서로 익숙하게 알고 있다는 듯이
웃으며 인사하거나 손바닥을 마주쳤다.
춘도에게도 말을 건네는 남학생도 있었다.

이런 광경을 목격하고 난 후에 비로소
앞의 일들을 유추해낼 수 있었다.

넷

"아빠는 뭐하세요?"
"없어요."
"그럼 엄마는?"
"엄마도 없어요."

담임으로서
최소한 학생의 가정환경에 대해
알고 있어야 한다는 생각으로 물어본 건데
엄마도 아빠도 없다는 말에
먹먹한 가슴으로 그의 얼굴을 바라보다가
먼 곳으로 눈을 돌렸다.

학교 버스가 교실 밖 운동장에서

아이들을 기다리고 있었다.
시간이 흐르면서
춘도와 나는 차츰 서로의 자리를 찾아갔다.
처음 겪는 일이라 다소 혼란스러웠지만
마흔을 바라보는 나이 많은 학생이라는 생각은 사라지고
우리 반 학생이라는 생각만 남았다.

예전부터 나는
아이들을 꼭 안아주는 습관이 있다.
지적장애아 중에는
발달과 지체장애를 중복으로 갖고 있어
중고등학생이 되어도 대소변을 못 가리고
자기 얼굴 하나 간수할 줄 모르는 아이들이 많다.
그런 아이들을 볼 때마다
가슴이 먼저 다가선다.
나의 기억 속에는
아이들의 이름과 얼굴로 가득하다.

춘도도 그 중의 하나였다.
그 아이들처럼 힘껏 안아주고 싶었지만
아직 서먹했다.
엄마 아빠를 그리워하는 가슴과 눈망울이
마흔에 가까운 남자가 아니라

이제 막 깨어난 병아리 같았다.
슬픔으로 가득한 춘도의 눈은
내가 알지 못하는 것들로 가득했다.

"아빠는 나빠요, 나를 막 때렸어요. 날더러 바보라고 했어요."
그리고 잠시 말을 멈췄다.
"엄마는 좋아요. 보고 싶어요."
춘도는 고개를 숙이고
무언가 깊이 생각하는 것 같았다.
"아빠가 때리면 엄마는 막아 주었어요. 엄마가 아빠한테 맞았어요."

그 말끝에 참았던 눈물이 흘렀다.
아마도 지적장애아라는 이유로
제 자식을 때렸다는 말을 듣는 순간
측은함이 솟구쳤다.
그다음 말은 듣지 않아도
춘도가 시설에 맡겨졌을 거라고 추측했다.

춘도는 울고 있었다.
서른여덟 살 어른의 모습은 어디에도 없고
천진난만한 소년이 내 앞에서
힘겨워하고 있었다.
나는 무슨 말이든 해주고 싶었다.

위로든 격려든
지금의 슬픔을 이겨낼 수 있는
말을 해주고 싶었다.
하지만 어떤 말도 쉽게 나오지 않았다.
그렇게 시간이 조금 지난 후 어렵게 말을 꺼냈다.

"그래,
엄마 아빠 없어도 씩씩하게 잘 살아야 해.
세상에는 엄마 아빠 없는 사람도 많거든."

한참을 생각하다가 겨우 한 말은 그게 전부였다.
그 후로는 아무 말도 못하고
춘도의 손만 꼭 잡아주었다.

"춘도야, 힘내. 너는 반장이거든.
무슨 일이 있어도 울지 말고 참아야 해."

내 말을 들은 춘도는
어린아이처럼 고개만 끄덕인다.

"그러면 지금은 누구와 살고 있니?"
춘도는 자연스럽게 대답했다.
"고아원에 살아요. 목사님하고 다른 아저씨들도 많이 살아요."

그 말을 듣고
비로소 춘도에 대한 그림이 그려졌다.

선천적으로 지적장애를 안고 태어났고
넉넉하지 못한 가정형편에
장애인에 대한 관심과 이해가 깊지 못한
부모였을 거라는 생각이 들었다.
그로인해 부모는 수시로 다투다
마침내 어느 복지시설에 맡겨졌을 거라는
일련의 과정이 그려졌다.

“그래, 힘내서 공부 열심히 하자. 알았지?”
나는 내 앞에 앉아 있는
춘도를 향해 진심어린 말로
그의 아픔을 위로했다.

그러자 조금 전까지만 해도
부모 이야기를 하면서 훌쩍이던
춘도의 얼굴이 환해졌다.

“네, 선생님. 공부 열심히 하고 착한 학생이 되겠습니다”
책가방을 메고 교실을 나가는 그의 뒷모습을 보는데
왠지 마음이 편했다.

다섯

그다음 날,
춘도가 제일 먼저 등교했다.
어제 엄마가 보고 싶다고
눈시울을 붉히던 얼굴이 아니다.
얼굴이 비대칭으로 조금 비뚤어지고
수염이 군데군데 자라 있는 얼굴이
아주 밝아 보였다.

"춘도 안녕?"

내가 먼저 인사를 건네자
어제처럼
두 손을 앞으로 모으고 고개를 깊이 숙였다.

짙은 밤색 가방을 멘 허리가 구부러질 때마다 마음이 왠지 어색했다.
손에 무언가를 꼭 움켜쥐고 있었다.

"춘도야, 그게 뭐야?"
하자 수줍은 듯 웃기만 했다.

그리고 손을 뒤로 감췄다.

"아이, 춘도야 그게 뭔지 선생님한테 가르쳐 줘. 응?"
나는 눈높이를 맞추려 일부러 아이처럼 말했다.
한참을 망설인 후 내민 손에는 사탕 두 개가 있었다.
투명한 비닐에 싸인 연두색과 보라색 사탕이었다.

"사탕이네,
괜찮아.
숨길 필요 없어.
책상에 넣어두었다가
나중에 먹고 싶을 때 아무 때나

먹어도 돼."

나는 학교에서 먹으려고 갖고 온 것인 줄 알았다.
춘도의 표정이 이상해졌다.
뭔가 말하고 싶지만 망설이는 표정이었다.
드러내놓고 말을 못하는 게 또렷하게 읽혔다.

"왜 그래? 그 사탕 춘도 먹으려고 하는 거 아니었어?"
하자 그때서야 고개를 끄덕인다.
"네"
하고 대답하는 춘도에게
나는 다시 물었다.

"그럼 누구 주려고?"

"네"
대답하고는 더 이상 말이 없다.

궁금해졌다.

도대체 춘도가 누구에게 주려고 사탕을 가져온 걸까?
행여 놓칠세라 꼭 쥐고 있는 사탕을
받을 사람이 궁금해졌다.

"아하! 춘도가 누구를 좋아하나 보다.
가만있자,
누굴 좋아할까.
영애?"

그러자 고개를 저었다.
"그럼 누굴까? 아하! 미영이로구나"

우리 반의 여자는 모두 두 명,
춘도를 포함한 나머지 여섯 명은 사내아이들이다.
나는 그 두 명의 여자애들 이름을 댔지만
모두 고개를 저었다.

춘도의 야릇한 표정을 바라보는 것이 재미있었다.
좀 더 짓궂게 말하고 싶었지만
뒤이어 아이들이 와서 말을 못했다.
고개를 가로젓기만 하던 춘도는
내 앞에 사탕을 불쑥 내밀었다.
그러고는 얼른 자기 자리로 뛰어들어가 앉았다.

소년처럼 얼굴을 붉히고 고개를 숙이며
나와 눈을 마주치지 않으려고 했다.
사탕은

나에게 주려고 갖고 왔던 것이다.

이런 일을 처음 겪는 것도 아니다.
장애학생들이라고 해도
무엇이든 나누고
베풀 줄 아는 학생들이 많다.

슬플 때는 울고
기쁘고 즐거울 때는 웃는다.
화가 나서 싸우기도 하고
짝사랑하는 것까지...
그들도 다른 사람들과 똑같다.

그날 춘도가 갖고 온 사탕 또한
누구나 할 수 있는 일이라고
생각했다.

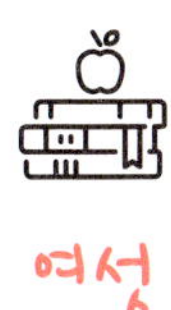

여섯

다음 날에도 춘도의 손에는 무언가 들려 있다.
얼마나 움켜쥐고 있었는지
따뜻한 체온이 느껴지는
귤이었다.
노란 귤 하나를 내밀고
후다닥 자기 자리로 돌아갔다.

조금 머쓱해하는 춘도를 바라보는데
웃음이 나왔다.
어른 아이라는 말이 떠올랐다.
춘도의 나이를 염두에 두지 않았다.
교사와 학생이라는 것만 생각했다.
마흔이 다 돼가는 사람의 눈빛이

마치 어린 짐승의 눈처럼
더없이 해맑다.
내가 지금까지 함께 해온
모든 아이들의 눈 속에 있던 그 빛과 같이,
거짓이나 꾸밈없는.

그 날은 반장을 뽑는 날이었다.
비록 여섯 명의 아이들이라고 해도
학급의 반장은 있어야 했다.
마음 같아서는
한 아이씩 돌아가는 것도 좋다고 생각했지만
장애 정도에 따라 불가능한 아이도 있었다.
할 수 없이 선출하는 방법을 택했다.
먼저 반장 되기를 원하는 학생을 상대로
찬반을 표시하기로 했다.
그러나 내 말뜻을 얼른 알아듣지 못해서
다시 쉽게 설명했다.
반장이 되고 싶은 사람은
손을 들라고 해도 손 드는 학생이 없었다.

그래서 추천하라고 했더니
그 뜻도 이해하지 못했다.
나는 춘도를 지명했다.
그동안 몇 차례 면담을 통해
인지능력을 측정한 결과
다른 아이들에 비해 조금 높다는 것을 알게 되었다.
춘도의 나이가 제일 많다는 것이
학급 아이들 사이에 작용하고 있었다.
어떤 때는 선생님 말보다

춘도의 말을 더 잘 따랐다.

내가 나서는 모양이 좋진 않았지만
아이들에게 반장을 선출하는 일은 아직 모험이었다.
“춘도야, 네가 반장할래?”
그랬더니 기다렸다는 듯 네, 한다.
나는 다른 아이들에게 물었다.

“춘도가 반장을 하는 데 반대하는 사람 있어요?”

영애는 춘도가 반장이 되는 게 좋다고 박수하는데
다른 아이들은 반응이 없다.
나는 한 번 더 묻고
춘도를 우리 반 반장으로 임명했다.

이렇게 해서 춘도는 우리 반 반장이 되었다.
서른여덟 살의 총각,
어쩌면 지금 같이 앉아 있는 친구들만 한
자식이 있을지도 모를 일인데
학생들 사이에
그런 이유로 발생하는 문제는 없었다.

“이제부터 춘도가 우리 반의 반장이에요.

우리 다 같이 박수로 축하해줘요."

말이 끝나자
반 학생들이 박수했다.
특히 영애의 박수 소리가 유난히 크고 오래갔다.

일곱

춘도는 반장이 된 후로 모든 게 달라졌다.
마치 제식훈련처럼
팔을 높이 올려 흔드는 걸음걸이부터
인사를 할 때도 허리를 더 많이 숙이고
말투도 근엄해졌다.

다른 교사들도 한결같이 말한다.

"춘도가 갑자기 달라졌어요."

"맞아요, 지난해와는 전혀 달라요.
반장이 돼서 그런가 봐요."

그리고 또 한 가지 크게 달라진 것은,
학급 친구들이나
심지어 선생님에게 달려들어
깨무는 의찬이의 옆에 앉아
돌발적인 행동을 못하도록
감시와 보호하는 일을 맡았다.

그건 누가 시킨 일이 아니었다.
나도 의찬이의 특성을 걱정했지만
방법을 못 찾고 있었다.

이런 의찬이를 춘도가 보호하겠다고 한다.
자기 팔뚝을 물려가면서까지
그의 옆자리를 떠나지 않았다.

“춘도야, 많이 아프지?”

피멍이 들고 잇자국이 선명한
팔뚝을 보며 위로했다.

“선생님, 저는 하나도 아프지 않아요. 걱정하지 마세요”
하며 오히려 나를 안심시킬 땐
중년의 남자다운 모습이었다.

그뿐 아니라
수업 중에 이따금
괴성을 지르며 우는 철완이를
항상 가까이서 지켜보았다.

수시로 몸부림치며 두 손으로 귀를 막고
교실이 떠나갈 듯 외치는 아이였다.
이런 철완이와 의찬이까지
춘도가 통제했다.

의찬이한테 물려 손등에 피가 나고
심하게 부어오르기까지 했는데

"의찬아, 너 그러면 못 써! 다음에 한 번 더 물면 내가 혼낸다!"
하며 태연하게 웃어 보였다.

나중에 안 일이지만
춘도는 태권도를 오랫동안 배웠다고 한다.

자기 말로는 태권도 2단이라면서
아이들 앞에서 앞차기를 시범 보이기도 했는데
이것을 본 반 아이들은
춘도의 말이라면 고분고분했다.

"와아, 춘도 정말 대단하다. 태권도는 언제 그렇게 배웠어?"

춘도는 내 앞에서도 태권도 솜씨를 자랑했다.
그때마다 칭찬해주었더니
신이 난 춘도는 또 다른 것을 보여주고 싶어 했다.
다칠 것 같아서 만류하면

"아니에요,
저는 태권도 선수거든요.
보육원에 있는 꼬마들도 제가 가르쳐요.
이런 건 쉬운 일이에요"

하면서 더 많은 동작을 보여주었다.
늠름하기도 하고
한편으로는 철없는 아이의 순진한 행동 같아
더 친근감이 갔다.

여덟

춘도가 가방에서 또 뭔가를 꺼낸다.
이틀이 멀다하고 갖고 온다.
과일은 물론 사탕과 과자
생일케이크까지.

변변한 용돈도 없는 춘도가
보육원에서 주는 것을 모았다가
갖고 오는 게 틀림없다.

처음엔 그저 호의로 받아들였지만
이런 일이 거듭될수록
어떤 가르침이 있어야 한다고 생각했다.

"춘도야,
네가 선생님한테 주건 좋은데 부담이 돼.
일부러 나 주려고 가져오지 말고
선생님 집에는 과일도 과자도 많아서
많이 먹고 있으니까
다음부터 이런 것 갖고 오지 마.
알았지?"

춘도는 고개를 숙이고 아무 말이 없다.
순간 선의를 뿌리치는 것 같아서
미안한 생각이 들었다.
"춘도야,
다음부터 맛있는 거 있으면
혼자 다 먹어.
선생님은 맛있는 거 아주 많이 먹거든.
춘도는 많이 못 먹잖아."

그러자 춘도가 퉁명스럽게
볼에 무언가를 가득 담은 시늉을 하며

"저도 맛있는 거 많이 먹어요.
우리보육원에 많아요."

뭔가 서운해하는 눈빛이었다.
혹시 내가 거절하는 것에 대해
오해할 수도 있다고 생각하고
계속해서 설득했다.

"그래, 많이 먹을 거야. 목사님이 많이 갖다주시지?"

"춘도보다 내가 더 많이 먹거든.
선생님 집에도 아주 많아.
다음부터 이런 과일이나 사탕은
너 혼자 다 먹어 알았지?"
거듭 강조하는 의중을 그때서야 깨닫고
고개를 숙이며 간신히 대답한다.

"알았어요. 먹는 건 안 갖고 올게요."

그런 일이 있은 후부터
춘도는 학교에 먹을 것을 가져오지 않았다.
그러나 며칠 후
춘도는 또 다른 것을 들고 나타났다.
종이로 접은 꽃이었다.
먹는 것을 갖고 오지 말라는 말은 지키면서
또 다른 것을 갖고 온 것이다.

꽃뿐만 아니라
종이접기 배나 여러 나라의 집 모양 등
거의 이삼 일에 하나씩 갖고 와서
내 앞에 내밀었다.

하루는 나무를 정성껏 깎아서 만든
예쁜 소녀상을 갖고 왔다.

주말이나 하교 후
쉴 때마다 하나씩 만드는 것 같았다.

아홉

드르륵,
교실 문이 열린다.
미닫이문 여는 소리가 정겹게 들리는 것은
어릴 때 우리 집 문소리와
같기 때문인가 보다.

"안녕하세요?"

춘도가 웃으면서 교실로 들어온다.
눈을 껌벅이며 엉거주춤한 태도는 여전하다.
웃는 그의 얼굴은
언제 보아도 착한 소년이다.
영애가 뒤따라 들어온다.

발걸음이 가볍다.

“춘도랑 영애가 같이 들어오네?”

의미 없이 한 말인데
영애는 듣기 좋았나 보다.
통통한 얼굴로 웃고 있다.

“네, 춘도와 같이 학교에 오니까 좋아요.”

몸을 비비꼬던 영애는
춘도를 쳐다보며 한 번 더 웃는다.
나는 웃는 이유를 알았는데
춘도는 아랑곳하지 않고
제 자리에 들어가 앉았다.

그러고는 가방에서 또 무엇인가를 꺼내려 한다.
오늘은 또 다른 걸 가져온 모양이다.
나는 눈길을 다른 데로 돌려 관심을 보이지 않으려 했다.
잠시 후 춘도가 가방에서 꺼낸 것은
작은 꽃송이를 여러 개 접어 다발로 묶은
빨간 종이꽃다발이었다.

"선생님,
이 꽃 제가 밤늦도록 만들었어요."

하고는 아주 섬세하게 잘 접힌
종이꽃 한 다발을 내 앞에 내민다.
손수 만든 것까지 거절 할 수는 없었다.

"이걸 다 춘도가 접었어?"

솜씨가 좋다는 것은 알고 있었지만
이렇게 섬세하게 접을 수 있을 줄은
미처 몰랐다.
처음엔 어디서 얻어왔거나
누가 만들어준 것을 갖고 온 것이라고 생각해서
인사치레로 한 말인데
춘도는 당당하고 단호한 표정으로

"네, 제가 만들었어요"

순간,
잠깐이라도 의심했던 게 미안했다.
나는 꽃다발을 들여다보며
무슨 냄새라도 날까 코를 대 보았는데

아무 냄새도 안 났다.

"고마워,
정말 고마워.
그런데 이 꽃다발 만드느라 힘들지 않았어?"

"네, 안 힘들었어요."
춘도의 얼굴은 기쁨으로 가득했다.

"하지만 나한테만 이런 좋은 선물을 주면
다른 선생님들도 갖고 싶어할 텐데.
선물로 드리면 안될까?"

춘도의 관심을 분산시키려는 의도로 물었다.
그러자 기다렸다는 듯
가방에서 또 다른 꽃을 꺼냈다.
나에게 준 것처럼 다발이 아니라
하나씩 낱개로 된 종이꽃 몇 송이가 더 있었다.

"이거는 다른 선생님 드리려고 갖고 온 거예요."

나는 더 이상 말을 하지 않고
그 꽃다발을 내 책상 위에 올려놓았다.

이 광경을 영애가 관심 있게 쳐다보고 있었다.

그런데 다음 날,
책상 위에 올려놓았던 종이꽃이
구겨진 채 바닥에 버려져 있었다.
어제 춘도가 준 종이꽃다발이었다.

나중에 알게 된 일이지만
영애 짓이었다.

"춘도는 선생님만 좋아해! 춘도 미워!"

하면서 내 책상 위에 있는
종이꽃다발을 던지고 짓밟았다고
남현이가 일렀다.

열

아이들이 모두 가고 없는 교실에서 창밖을 내다보았다.
수업 시간 외에는
거의 정적으로 남아 있는 교정이다.
시소, 그네, 미끄럼틀.......
아이들로 시끄러워야 할 운동장에 아이들이 없다.

나에게 준 꽃다발을 영애가 망가뜨린 후
다시 만들어 온 종이 꽃다발에 눈이 머무는 순간
춘도에게 앞으로 직업이 될 수 있는 기술을
가르쳐야겠다는 생각이 들었다.

지적장애 아이들의 직업교육은 쉽지 않은 일이지만
그래도 해야 하는 당위성은 항상 존재한다.

장애 정도가 심한 아이들이야 어쩔 수 없지만
춘도라면 단순한 작업 정도는
무난하게 할 수 있을 것 같았다.

지금까지 나 역시 장애아들의
직업에 대한 막연한 당위성만 품고 있었을 뿐
무슨 일을 어떻게 할지
구체적인 지식이나 경험이 없었다.
전공과를 중심으로 직업교육이 이뤄지고 있지만
턱없이 부족하다.
산학 연계도 잘 이뤄지지 않고
전문적으로 연구하는 기관도 없다.

국가나 사회가 적극적으로 나서
이들이 직업으로 삼을 만한 일에 대한
연구와 개발이 부족한 상태에서
경험이 없는 교사들에게만 의지하는 건
무리라는 생각이 든다.

그렇다고 국가나 사회에 기대할 수만은 없다.
장애인들에 대해 가장 잘 알고 있는
학교현장에서부터 시작되어야 한다는 생각으로
좀 더 현실적인 문제들에 접근하고자 했다.

이론과 형식에 치우치는 것이 아닌,
삶에 도움이 되고
평생 자신의 생활을 영위해나갈 수 있는 길이
교육현장에서 먼저 이뤄져야 한다는 생각은
오래전부터 해왔다.

장애청소년들의 더 나은 삶을 위해
교육현장에서 느낀 절실함을 바탕으로
박사논문을 쓸까도 했었다.

춘도는 선생님만 좋아해

2

이야기 열하나부터 스물.

그래, 힘을 내자. 나는 할 수 있어. 해야만 해! 희망은 볼 수 없는 것을 보고
만질 수 없는 것을 느끼고 불가능한 것을 이룬다
- 헬렌켈러

열하나

그 무렵,
요리 경진대회가 있다는 공문을 받았다.
담당 교사와 의논한 끝에
춘도를 내보내기로 결정했다.
다른 아이들에 비해 인지능력이 높고
나이가 많아서 유리할 거라는 판단에
나도 동의했다.
무엇보다 목표의식을 줄 수 있다는 것이 좋았고
장차 살아가는데 작은 도움이 될 것 같았다.

아이들이 집으로 돌아간 교실에서

"춘도야, 요리대회가 있는데 한번 나가볼래?"

"누가 가르쳐주는 건데요?"

언제 어디서 하는 대회인지는 관심도 없고
누가 가르쳐주는지부터
물었다.

"응, 내가 가르쳐줄 거야."
그러자 춘도는 활짝 웃으며 네, 하고 대답한다.
생각 외로 대답이 쉬웠다.

"선생님이 가르쳐주시면 할 거예요.
다른 선생님이 가르쳐주면 안 할 거예요."
"그건 무슨 말이야?"
"난 선생님이 가르쳐주는 게 좋아요."

그 다음 날,
직업경진대회에 가지고 나갈 재료를 준비하고
심사와 선정 방법 등에 대해 담당 교사와 의논한 뒤
다시 춘도를 불렀다.
"저 요리 많이 해보았어요."

춘도는 계속 자랑을 늘어놓았다.
"라면도 끓이고 김치 만드는데 도와드렸어요.

그래서 무나 파 잘 썰어요. 마늘도 잘 까요."
무엇이든 한번 해보고 싶다는 의지가 역력했다.

평소 다른 아이들과 섞여 장난을 치거나
요즘 아이들 사이에서 유행하는 노래를
흥얼거리는 정도였는데
직업경진대회가 있다는 말을
들은 후부터 표정이 달라졌다.

다행인 것은
이번 경진대회의 과제가
과일을 깎고 무를 고르게 썰어
접시에 예쁘게 담아내는 일이었다.
보통 사람에겐 아무 것도 아닌 일이지만
신체 및 지적장애를 가진 사람들에겐
다른 의미였다.

춘도의 굳은 의지를 보면서
반드시 직업경진대회에 참가해
좋은 성적을 내고 싶어졌다.

열둘

춘도와 나는 경진대회 준비를 시작했다.
마냥 설레고 좋아하는 춘도를 보면
덩달아 기분이 좋아졌다.

학교와 보육원을 떠나
아무것도 할 수 없다고 생각했던 그는
처음으로 출전하는 경진대회에 대한
호기심으로 가득했다.

춘도가 신이 나서 뭔가를 열심히 설명하면
아이들은 빙 둘러서서 춘도의 말을 귀담아듣는다.
관심 없어 하는 아이들에게 다가가서
들으라는 듯 이야기를 하는

춘도의 모습을 멀리서 보고 있으면
웃음이 나온다.

경진대회 연습은
수업이 끝나고 매일 한 시간씩 하기로 했는데
부족하다고 생각했는지 더 많은 시간이 필요하다는
춘도를 어렵게 달랬다.

"선생님, 한 시간은 짧잖아요. 다섯 시간 해요."
처음에는 춘도가 말하는
하나와 다섯의 차이를 얼른 알아채지 못했다.
시간을 함께 하면서
그에게 하나는 적은 시간이고
다섯 정도는 돼야
충분하다고 생각한다는 걸 알았다.

정규 수업 외에 또 다른 업무가 주어진다는 게
그리 반가운 일은 아니었다.
대학 입시를 앞두고 있는 딸의 수험공부도
뒷바라지해야 하는 입장이었다.

고삼 엄마의 모습을 보이진 못하더라도
최소한의 엄마의 자리는 지키고 싶은 생각이 굴뚝같았다.

하지만 그런 마음은 생각으로만 끝내야 했다
엄마와 교사의 자리 사이에서 갈등이 심했지만
나의 선택은 결국 가르치는 사람의 자리였다.
주어진 시간뿐 아니라
나의 삶, 가슴 모두 가르치는 사람이어야 한다는
생각이 지배적이었다.

도마, 칼, 무, 배추, 파, 사과, 키위,
조리복과 모자, 손수건까지
모두 준비했다.

준비물을 보자 춘도는

뭔가 실감이 난다는 표정이었다.
“저 보육원에서 요리 많이 해보았어요.”
라면 끓이고 김치를 만드는 것이
요리의 전부인 줄 알고 있지만
이건 경진대회다.

“라면도 끓이고 국수도 삶아봤어요.”
“정말? 춘도 네가 국수도 삶아봤다고?”

“아니요, 보육원 요리사 아저씨랑 같이 했어요.”
“그랬구나.
그런데 춘도야,
이번 요리경진대회는
라면 끓이고 국수 삶는 게 아니고
무, 당근, 파, 이런 것들을 예쁘게 썰고
과일도 보기 좋게 깎아서
접시에 예쁘게 담아내는 일이야.
그런 일도 할 수 있겠어?“

“네, 할 수 있어요. 선생님이 가르쳐주시면 열심히 배울게요.”
춘도의 표정은 자신감으로 가득했다.

열셋

먼저 과일을 예쁘게 깎는 연습부터 했다.
과일을 왜 예쁘게 깎아야 하는지
예쁜 것이 사람들에게
어떤 감동을 주는지 하나씩 설명하며
본격적으로 경진대회에서 요구하는 것들을 준비했다.

사실 나도 다양한 경험과 지식이 없어서
책을 구입하고 요리학원도 등록했다.
이 기회에 나 또한 요리를 배우고
춘도에게 요구하는 것들을
교사로서 충분히 전해주고 싶었다.

잎사귀 모양의 사과 깎기를

보여주자 뒷걸음친다.

"선생님, 너무 어려워요."

"이런 걸 해야만 일등 할 수 있어.
지금은 힘들지만 여러 번 하다 보면 춘도도 할 수 있어.
누구나 처음부터 잘하는 사람은 없거든.
선생님이 하는 걸 잘 보고 따라하면 돼.
어렵지 않아.
너도 충분히 할 수 있어.
그러지 말고 우리 한번 해보자."

어렵다고 칼 잡는 걸 거부하는 춘도를 설득했다.
그러다 손이 베었다.
피가 철철 흐르는 손을
붕대로 감고 다시 시작했다.
다행인 건 어렵다고 하면서도 포기하지 않았다.
마음이 있다는 것만으로 위안이 되어
일을 진행했다.

그래,
깨진 두레박으로도 물동이를 채울 수 있어.
한 번, 두 번, 세 번, 네 번....

쉬지 않고 퍼나르면 언젠가는 채워질 거야.
중요한 건 포기하지 않고 매일 조금씩 노력하는 거야.

거미는 허공에 집을 짓거든.
한 번, 두 번 떨어지고 부딪히면서도
끝내 포기하지 않은 거미의 노력으로
허공에 집을 지을 수 있는 거란다.
그러니 춘도 너도 열심히 노력하기만 하면
마침내 네가 바라는 걸 이룰 수 있어.
자, 다시 한 번 해보자!

나의 말에 머리를 긁적이며
다시 칼을 잡았다.
이렇게 며칠이 지나자
제법 꽃 모양의 사과 깎기가 됐다.

과일 깎는 연습을 마치고
무와 당근을 써는 연습을 했다.
보육원에서 주방 일을 도왔던 경험이 있어
칼 다루는 일이 아주 서툴지는 않았다.

열넷

"이런 옷 입어 봤어?"
"아니요, 처음 입어보는 거예요."
"아주 멋진데? 제법 요리사 아저씨 같은데?"

춘도는 천진난만하게 웃는다.
"히히~~~"

하얀 조리복으로 갈아입은 춘도는
모자까지 쓰고 나니
제법 조리사 같은 폼이 났다.
앞치마 두르는 법도 가르쳤다.
끈을 허리에 두 번 둘러서
앞으로 리본을 묶는 것까지.

마지막으로 손수건을 끈에 찔러 넣고
손의 물기를 닦아내는 것을 보여주었다.

유심히 지켜보던 춘도는
신기한 듯 입을 다물 줄 몰랐다.
얼굴에 행복한 표정이 그대로 배어났다.
이렇게 작은 것 하나에도 좋아하는 그를 보며
주어진 또 다른 시간도
춘도와 함께 행복했다.

제 부모로부터 버림받은 사람,
한낱 짐으로 여겨지는 사람,
사회로부터 곱지 않은 시선을 받는
저들에게 삶을 주고 싶었다.
어렵고 거친 세상이지만
보란 듯이 당당하게 살아가는
한 사람으로서의 위치를 만들어주고 싶었다.

"그런데 춘도야,
사람은 마음만 먹는다고 되는 게 아니야.
노력해야 돼.
처음에 춘도가 사과 꽃 만드는 게
어렵다고 못하겠다고 했을 때

정말 많이 실망했어.
그런데 그것도 참아냈잖아.
이제는 아주 예쁘게 잘 깎잖아.
그렇지?"

묻는 말에
쑥스러운 듯 웃음으로 대답하는 건
여느 사람들과 똑같다.
지적장애라는 말이 무색할 만큼
평범하고 자연스러운
한 사람이다.

매일 꾸준히 연습했다.
내가 첫날만 준비물을 챙겨줬을 뿐,
그 다음 날부터는 준비부터 마지막 정리까지
춘도의 몫이었다.

"선생님, 그거 무거워요. 저는 힘이 세요. 제가 할게요"
하며 얼른 달려와 짐을 대신 든다.
힘에 부쳐 땀을 뻘뻘 흘리면서도 무겁지 않다고 한다.

"춘도는 엄마 생각 안 나?"
열심히 파를 다듬고 있는데 물었다.

"안 나요. 엄마 생각나면 선생님 보면 되거든요."
더 이상 말을 잇지 않았다.
화제를 돌렸다.
애써 기억을 피하려는
춘도의 모습이 안쓰러웠다.
둘이 남은 교실에
칼질 소리가 적막을 깨뜨렸다.

엄마가 생각날 때면
나를 보면서 위안을 얻는다는 말이
뇌리에서 떠나지 않았다.

열다섯

엄마 아빠가 많이 생각나지 않는다던 춘도가
다른 말을 한다.

"저, 선생님......."

무슨 말인가 할 것처럼 불러놓고
말을 잇지 못한다.
나는 분명 하고 싶은 말이 있다는 걸 알고
잘 달랬다.

"무슨 말인데 춘도야,
해 봐.
괜찮아 무슨 말이든,

선생님은 항상 네 편이잖아"

춘도의 마음을 안심시켰다.
한동안 뜸을 들이더니
마침내 입을 열었다.
요리 연습을 하던 중이었다.

"실은....... 선생님, 저 꿈이 있어요."

"그거 정말 좋은 일이다.
꿈이 뭔데?"

잠시 연습을 멈추고
이야기를 들었다.

"선생님, 저는 돈을 많이 벌 거예요."

의외였다.
지금까지 특수학교 아이들과 오랜 시간을 함께했지만
돈을 많이 벌겠다는 이야기를 나눈 건 처음이었다.
세상에 대해 아무것도 모를 거라는 생각은 착각이었다.
무엇보다 돈을 많이 벌겠다는 말이 충격이었다.

반 아이들 중
남현이와 철완이를 제외하면
돈이라는 개념을 갖고 있지 않다고 생각했다.

언젠가 남현이가 돈을 잃어버렸다.
만 원짜리 한 장과 천 원짜리 몇 장이 있었다고 했다.
나는 돈의 가치를 알고 있는 사람의 짓이라고 짐작했다.
반 아이들 세 명을 의심했다.

하지만 결과는 어이없게도
돈이 뭔지 모르는 아이가
꾸겨서 휴지통에 버린 것이다.
이렇게 대부분의 아이들은
돈의 가치와 활용에 대해 관심이 없거나 무지하다.

그런데 춘도가 돈을 많이 벌겠다고 한다.
그만큼 사람이 살아가는 세상에 대해
인지하고 있었다.

"그래, 돈 많이 벌어서 뭐 할 건데?

"저 돈 많이 벌어서 엄마 아빠랑 같이 살 거예요."
이 말을 듣는 순간 생각이 멈췄다.

엄마 아빠에 대해 말한 적이 없었는데
춘도에게 또 다른 가슴이 있다는 걸 느끼며
더욱더 직업교육의 필요성을 깨닫게 됐다.

“그래,
나중에 학교 졸업하고 사회에 나가 돈 많이 벌어서
부모님이랑 행복하게 잘 살아야 해.
춘도를 낳아주고 길러주신 분이잖아.
지금은 살기 어려워서
잠시 시설에 맡기신 게 틀림없어.
부모님도 아마 지금쯤
많이 보고 싶어하실 거야.
그러니 아빠를 너무 미워하지 마.
후회하고 계실지도 몰라.”

열여섯

아이들이 떠난 공예부 작업실에는
늘 춘도와 나만 남는다.
이제 내가 지시하지 않아도
어떻게 해야 하는지 알고
실기 연습을 하기 전에
있어야 하는 것을
말끔하게 준비를 해놓았다.

끈을 일일이 묶어주고 모자까지 씌워줬었는데
조리복도 혼자 잘 입었다.

어제는 춘도가 무를 썰다가 손끝을 베었다.
왼손 검지 끝에 살색 밴드를 감았다.

"조심해야지. 대회에 나가서 손을 베면 탈락이야."

춘도는 나의 지시사항을 머리에 담고
매사에 조심했다.
그러나 몸과 손이 따로 노는 사람처럼
수시로 베이고 다쳤다.
그럴 때마다 타이르고
더러는 좀 심할 만큼 꾸짖었다.

춘도는 나의 꾸지람을 제일 두려워했다.

마치 엄마가 자기를 떼어놓고 달아날 것 같은
두려움에 떠는 아이처럼.
자꾸 실수를 하면
경진대회를 포기할 수 있다는 생각까지 하고 있었다.

한번은 이렇게 말했다.
"선생님, 제가 자꾸 손을 베면 대회에 못 나가는 거지요?"

그만큼 손 베는 일에 신경을 쓰고 있었다.

"그러지 않도록 노력하면 돼.
대회에 나가고 못 나가는 것이 중요한 게 아니라
다치지 않는 게 중요한 거야.
손을 다치면 다른 일도 못 하잖아.
사람에게 손은 소중하거든.
밥 먹고 종이꽃을 접고 농구하는 것도
모두 손으로 하는 거잖아.
그래서 손을 소중하게 보호하라는 거야."

춘도는 잘 알았다는 듯이 고개를 끄덕였다.

"참 춘도야, 이번에 우승하면 상금이 오십만 원이야."

동기부여가 될 수 있다는 생각에
상금 이야기를 했다.

지적장애라고 해도 돈에 대한 가치를 안다.
공연히 바람을 넣는 것 같아서
지금까지 참고 있었지만
어쩌면 춘도에게
작은 목적이 될 수 있다고 믿었다.

또한 며칠 연습해보니
춘도의 의지나 솜씨에
가능성이 전혀 없어 보이지 않았다.
아직은 서툴고 어색하지만
조금만 더 성의를 갖고 연습한다면
충분히 입상을 할 수 있을 것 같았다.
일등 상금이 오십 만원이라는 말에
눈이 휘둥그레졌다.

"네, 오십만 원?"
"그래, 오십만 원."
"그거 엄청 많은 거지요?"

"그럼, 아주 큰돈이야.

꼭 우승해서 상금을 타야 해.
알았지?"

"네, 서 할 수 있어요"
"그럼, 할 수 있어. 넌 꼭 해낼 거야!"
그 순간부터 춘도의 눈빛이 달라졌다.
내 말이면 무조건 순종하는 그였지만
요리경진대회를 준비하면서는 더욱 따랐다.

"춘도는 우승해서 상금을 타면 뭐 할 거야?"
"히히, 아직 생각 못 했어요"
"그럼 지금부터 생각해 봐. 상금으로 뭘 할지. 재미있잖아, 그런 꿈을 갖는 게."
"네, 알았어요."
한편으로는 헛된 꿈이 될까 걱정됐다.
인지능력이 다른 아이들에 비해 뛰어나기는 해도
대회에 나가 입상을 할 만큼의 실력인지
신뢰가 가지 않았다.

하지만 아직 날짜는 충분하다는 것이 작은 위안이었다.
실망하고 꿈을 포기하기에는 아직 이르다.

노력하는 만큼 실력으로 나타나지 않아도

진지하게 연습하는 걸 보면
입상 그 이상의 것을 얻은 듯 마음이 뿌듯했다.

"선생님, 일등만 돈을 주는 거예요?"
춘도는 자신감을 잃은 듯
일등 외에는 상금이 없느냐고 물었다.

"아니, 이등 삼등도 상금이 있어. 왜, 일등 할 자신이 없어?"
그에 대한 대답은 하지 않았다.

"아냐, 춘도야 너는 할 수 있어.
오직 일등 할 생각만 하고
최대한 네가 할 수 있는 노력을 하면 돼.
결과는 자연히 따라오게 되어 있어."

나는 할 수 있다는 말을 거듭 강조했다.

열일곱

실기 연습을 시작한 지 2주가 되어
회의가 생겼다.
기대했던 것과 달리
다른 아이들과 큰 차이가 없었다.
나이가 많다는 것도 큰 도움이 못됐다.

무는 1센티 두께로 깍둑썰고
당근은 0.3미리 두께로 채썰어야 하는데,
춘도는 두께에 대한 개념이 없었다.
할 수 없이 자로 재어
정확한 두께를 재는 것부터 가르쳐야 했다.
그러나 재는 법도 몰랐다.
왜 재는지, 어디를 기준으로 삼는지조차

쉽게 깨닫지 못했다.

손을 베는 일도 잦았다.
칼을 잡은 오른손 손가락을 제외하고
왼손 손가락은 한 번씩 다 베었다.

"춘도야, 왜 그래? 조심하지 않고.
너 정말 이러다간 대회도 못 나간단 말야!"

나도 모르게 언성이 높아졌다.
나 자신의 문제리는 생각과 함께
더 이상 발전이 없다는 데
절망스러운 마음이었다.
몇십 년의 교사 경력도 아무런 도움이 안 됐다.
열정과 노력만 있으면
무엇이든 가능하리라는 믿음도
조금씩 무너지고
그냥 여기서 포기하고 싶은 생각이 들었다.

"선생님, 다시 한 번 해볼게요.
이번에는 정말 잘 해볼게요"
하고 무를 집어드는 춘도를 보는데
와락 눈물이 났다.

더 인내하고 강해야 하는 내가
먼저 나약해져가는 걸 보면서
이건 아니다 싶었다.
이럴 때마다 늘 다짐하던 말이 있다.

'초심을 잃지 말자'

수없이 부딪히는 절망과 아픔,
주저앉고 싶고 포기하고 싶은 생각이
전신에 파고들어도
내가 스스로 찾아온 곳이었다.
내가 선택하고 걸어온 길,
그래서 나는 첫 마음을 끝까지 지키고 싶었다.

그래, 힘을 내자. 나는 할 수 있어. 해야만 해!
시무룩하게 서 있는 춘도를 향해
억지로 웃으며 사과했다.

"춘도야, 선생님이 화를 내서 미안해.
그래, 다시 시작하자.
앞으로는 화내지 않을게"

하는 말을 듣고서야 춘도는 긴장한 얼굴을 풀었다.

열여덟

“영애, 아직 집에 안 갔어?”

이미 다른 아이들은 모두 집으로 돌아갔는데
흐린 날 오후,
어두컴컴한 교실에
영애가 혼자 앉아 있었다.

“왜 집에 안 갔어? 학교 차는 벌써 갔잖아?”
영애는 아무 걱정 없다는 듯 태연하게 말했다.

“갈 수 있어요. 춘도가 데려다줄 거예요.”

영애는 춘도를 기다리고 있었다.

조금 전 실습실에 있는 춘도에게
무를 자로 재어 써는 법을 가르쳐주고 교실로 왔는데
영애에 대한 말은 듣지 못했다.

"영애, 너 춘도가 지금 어디에 있는지 알아?"
"헤헤, 몰라요."

춘도가 어디에 있는지도 모르고 기다리다니.
영애는 마냥 즐거워 보였다.
웃을 때면 두 눈이 완전히 감기는 아이였다.
눈을 감고 한없이 행복해 하는 모습을 보면서
나도 웃었다.

"선생님 따라와, 같이 춘도한테 가자."

영애는 서둘러 가방을 멨다.
다섯 시가 넘은 학교는 조용했다.
실습실 문을 열고 영애와 같이 들어갔는데
춘도는 거들떠보지도 않았다.
무의 두께를 재고 있었다.
이미 썰어놓은 무의 두께는 여전히 들쭉날쭉이었다.
채썬 당근도 마찬가지였다.

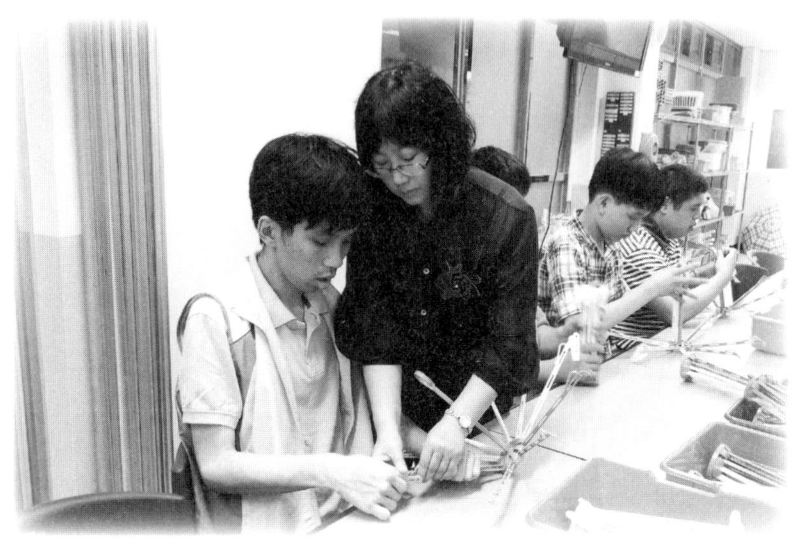

영애가 나와 함께 들어온 걸 보고도
아무 말이 없었다.
영애도 표현을 하거나 말하지 않았고
춘도 옆에 서서 그의 얼굴만 올려다보았다.

"영애는 춘도가 좋아?"

나는 일부러 관심을 춘도와 영애에게로 옮겼다.
영애의 모습이 애처롭기도 하고
아름다워 보였다.
다만 적극적인 행동과 표현에 비해

춘도의 태도는 너무 무뚝뚝했다.

"춘도야, 영애가 좋아한다잖아. 너도 한마디 해야지?"
"싫어요. 난 선생님이 좋아요.
선생님이랑 우리 엄마만 좋아할 거에요."
한마디 던져놓고 줄곧 연습에만 집중했다.

열아홉

"선생님, 상금 타면 뭘 할지 생각했어요."

춘도는 나를 보자마자 대뜸 말을 꺼냈다.
상금을 타면 어디에 쓸 거냐고 물었던 말을
깊이 생각했던 모양이다.
경진대회에서 일등이라도 한 표정이었다.

"그게 뭔데?"
"핸드폰 살 거예요. 핸드폰 사서 귀에 꽂고 다닐 거예요."

휴대전화의 이어폰을
귀에 꽂고 다니는 사람들이 부러웠나 보다.
웃음이 나왔지만 참았다.

나에겐 웃음이 나오는 이야기일지 모르지만
춘도에게는 진솔한 희망일 수 있다.

그래서인지 춘도의 의지는 더 강렬했다.
게임하러 가자는 다른 아이들의 말도 거절하고
수업이 끝나는 즉시 실습실로 왔다.
어떤 날은
내가 먼저 그만하고 집에 가자고 해도
나서지 않았다.

손을 베이면 바로 탈락한다는
말이 머릿속에 새겨졌는지
손을 베는 일이 없었다.

"너 춘도, 핸드폰이 얼마인 줄 알아?
핸드폰 사면 누구한테 전화할 건데?
혹시 여자친구 있어?
여자친구한테 전화하려고 그러는 거지?"

춘도가 무슨 말을 할까 궁금해
장난을 쳤는데 여자친구에 대한 말은
하지 않고 엉뚱한 말만 했다.

"핸드폰 비싸요? 그 돈으로 못 사요?"
"아니, 충분히 살 수 있어. 사고도 남아.
그러니 열심히 연습해서 꼭 일등을 해야 해. 알았지?"

아무리 열심히 한다고 해도
일등을 못할 수도 있다는 걸
미리 말해둘 필요는 있었다.

"수도권 전체에서 아이들이 오는 거야.
너보다 잘하는 애들도 많아.
일등을 못할 수도 있어.
그러면 어떻게 하지?"

"괜찮아요.
다음에 또 다시 하면 되잖아요. 2학년 때요."

"그래, 맞아.
춘도가 졸업하기까지 3년이 있잖아.
그래도 열심히 노력해야 돼.
다음에 하겠다는 생각은 버리고 이번에 꼭
우승을 하겠다는 생각을 해야 돼."

"네, 히히~~~"

어느새 잘 웃는 학생으로 돌아와 있었다.

“그래, 춘도야.
우리 이번 경진대회에서 일등 하자.
그 상금으로 핸드폰 사면 되잖아.
선생님이 예쁜 걸로 골라줄게.
알았지?”

스물

대회를 일주일 앞두고
춘도가 내게 편지를 보냈다.
노란색 겉봉투에 빨간 종이꽃이 붙어 있는 것과
자주색 봉투에 하트 모양의 종이꽃 세 개가 붙어 있는 편지가
하나 더 있었다.
봉투 겉에는
'박춘도 올림'이라는 글씨가 또렷했다.

쑥스럽게 내미는 손에서 두 통의 편지를 받아들고
얼굴을 보니 나쁜 일을 하다 들킨 것처럼
붉어져 있었다.
모르는 척하고 말했다.

"춘도야 고마워.
이렇게 편지까지 줘서.
선생님이 지금 읽어 볼까?
춘도가 뭐라고 썼는지 궁금하네."

"아니, 집에 가서 읽어보세요."
"왜? 무슨 말을 했기에 그래?"
"그냥 아무 말도 없어요. 그래도 창피해요."
"알았어. 내가 집에 가서 읽어볼게."

내용이 궁금했지만 춘도의 자존심을 생각해서
혼자 읽어보기로 했다.
두 통이나 된다는 게 의외였다.

춘도는 오직 일등 하겠다는 신념으로 열심히 연습했다.
이어폰을 두 귀에 꽂고 다니는 춘도를 생각하며
나도 열심히 가르쳤다.

누군가를 위해 할 수 있는 게 있다는 것만으로도
벅차고 좋은 일이다.
비록 깨닫고 할 수 있는 일이 제한된
장애인이라고 하더라도
작은 꿈이나마 함께할 수 있는 것이 행복하다.

그들에 대한 사회나 국가의 좀 더 많은 관심과
적극적인 지원이 있으면 좋겠지만
그런 기대를 하기에는 너무도 열악한 환경이다.
내가 현장에서 최선을 다하는 것이
소명이라는 생각뿐이다.

춘도와 헤어지고
집으로 돌아오는 버스 안에서
편지를 꺼냈다.
먼저 노란색 편지봉투를 뜯었다.
양면테이프로 깨끗하게 봉한 봉투 안에는
하얀 종이가 들어 있었다.
무슨 말이 쓰여 있을지 궁금함을 억누르고 천천히 열었다.

연필로 쓴 편지였다.

-선생님,
저를 사랑해주시고
잘 가르쳐주셔서 무척 감사합니다.
더욱 열심히 하는 춘도가 되겠습니다.
선생님을 존경하는 박춘도 올림-

한 통은 그냥 빈 봉투였다.

춘도는 선생님만 좋아해

3

이야기 스물하나부터 서른.

춘도는 가끔 나잇값을 하는 학생이다.
아이들이 교실에서 장난치거나 집기를 망가뜨리면
직접 고치거나 바로잡는다.

스물하나

다음 날,
춘도는 다시 봉투 하나를 내밀었다.
이번에는 편지가 아니었다.
노란 편지지에 불룩 튀어나온 것이 만져졌다.
역시 집에서 뜯어보라는 말을 하고
나갔다.

봉투에 들어 있는 건
굳이 뜯어보지 않아도 알 것 같았다.
겉에서 만져도 쉽게 알 수 있었다.

나는 춘도의 말대로
집에 가서 열어보기로 하고 가방에 넣었다.

어제 빈 봉투는
내용물을 넣으려고 했던 건데
서랍에 둔 채 깜박 잊었다고 했다.

오늘은 차를 갖고 출근하였으므로
시동을 걸어놓고 편지봉투를 열었다.
밤색 하트 모양 장식이 붙어 있는 열쇠고리였다.
하트는 춘도가 직접 천과 솜을 이용하여
만든 것이었다.

진로직업 시간에 바느질을 가르친 적 있었다.
남자라서 잘 못할 줄 알았는데
막상 가르쳐보니
다른 여자아이들보다 더 꼼꼼하고 가지런했다.
그때의 솜씨를 발휘해서 만든 것 같았다.

감동이 한동안 계속되었다.
여러 학교의 학생들을 가르쳐왔지만
이렇게 진하게 감격한 적은 많지 않았다.
생각이 일반적인 요구에 못 미치고
하는 행동도 상식으로부터 멀리 있는
아이들이라고 생각했지만
정과 사랑과 감사가 있다는 것을

다시금 깨달았다.

우리는 우리의 기준과 판단으로
가볍게 취급하고 사회에서 격리되기를 바라거나
알게 모르게 소외시키곤 한다.

특수학교 하나 짓는데
주민들의 저항을 받아야 하고
혐오시설로 취급당해야 하는 현실 속에서
장애를 겪는 이들에 대한 관심은 아직도 요원하다.

춘도의 작은 선물을 받아들고
이런저런 영역으로 생각이 확대되었다.
사회의 인간 복지,
특히 장애인들에 대한 사회적 무관심이
한탄스럽기만 했다.

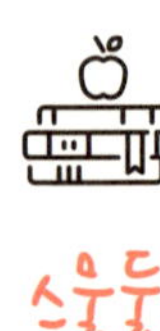

스물둘

나도 춘도에게 편지를 썼다.
춘도가 나에게 보낸 것만큼
봉투를 예쁘게 만들진 못했다.
마음 같아서는
직접 예쁘게 만들어 보내고 싶었지만
한두 명이 아니라서 마음을 접었다.
춘도에게 보낼 답장을 쓰다가
반 아이들 전부에게 보내기로 했다.
학교 앞 문구점에서
예쁜 편지봉투와 편지지를 골랐다.

노란색 편지지가 예뻤다.
마치 노란 단풍잎 위에

글씨를 올려놓은 것 같았다.
이 편지를 받아들고 좋아할 춘도와
다른 아이들의 얼굴을 떠올리며
한 자 한 자 성의껏 썼다.

-춘도야, 고마워.
네가 열심히 공부하고
또 경진대회 준비도 열심히 하는 것이 너무 고마워.
선생님도 너를 위해 기도 많이 할게.
너는 꼭 착하고 좋은 사람이 될 거야.
춘도를 사랑하는 선생님으로부터-

나는 경진대회 연습을 마치고
집으로 돌아갈 무렵에 춘도를 불렀다.
상황을 모르는 춘도는
이상한 눈으로 나를 보았다.

"춘도야, 선생님이 선물 하나 줄까?"
선물이라는 말에 춘도는 눈을 크게 떴다.

"그게 뭔데요?"
"글쎄, 무슨 선물이면 좋을까?"
나는 춘도에게 물었다.

그러나 춘도는 눈을 껌벅이며,

"아무거나 다 좋아요, 선생님이 주시면."
하면서 웃는 춘도를 보며 편지를 건넸다.

"다른 게 아니고 내 마음을 담은 편지야.
내 마음을 선물로 주는 거야.
마음은 무엇보다 소중한 거야.
그러니 내 마음을 받아서 꼭
건강하고 착한 사람으로 살아가야 해."

편지를 받아든 춘도는 이를 드러내며 웃었다.
그때 얼마나 좋아했던지,
오랜 시간이 지난 지금까지도
그 모습이 지워지지 않는다.

물론 내가 편지를 써준 것이 춘도만은 아니다.
이미 일곱 명의 아이들에게도 편지를 썼지만
춘도만큼 좋아한 학생은 없었다.

아니, 정확히 말해서 내가 쓴 편지를
읽을 만한 아이도 없었다.

고등학생이라고는 하지만
한글을 깨우친 학생은 춘도 남현이 민수뿐이었다.
나머지 아이들은
받침이 없는 글자 정도만 깨우쳤고
그나마도 모르는 아이들이 두 명이나 있었다.
그럼에도 내가 편지를 써서 보낸 것은
마음을 담고 싶었기 때문이다.

스물셋

날이 갈수록 춘도의 실력이 늘었다.
처음엔 자를 사용하는 법도 몰랐지만
이제 자로 재지 않고도 정확한 길이와 두께로 썰었다.
수건과 앞치마, 조리복을
단정하게 차려입고 칼을 집어들 때는
조리사가 다 된 듯 보였다.

춘도는 내가 지시한 일은
포기하거나 싫증 내는 일이 없었다.
물론 그가 어려워하는 일은 시키지도 않지만,
내가 시키는 것은
무엇이든 할 수 있다고 대답하거나
그 말에 대해 끝까지 책임지려는 모습을 보였다.

경진대회를 열흘 앞둔 시점부터는 집중적으로
과일을 깎아 접시에 올리는 연습을 했다.

하지만 마음처럼 쉽지 않았다.
둥근 과일을 칼질하는 것이 까다로웠다.
특히 토마토를 예쁘게 올려놓는 작업이
힘들었다.

그래도 게을리 하지 않았다.
안 되면 될 때까지 몇 번이고 연습했다.
심지어 재료를 집으로 갖고 가서
연습할 정도였다.

한편으로는
입상하지 못했을 때 받을 상처가
은근히 걱정되기도 했다.
열심히 해도 안 되는 일이 있고
세상엔 나보다 더 잘하는 사람도 많다는 걸
수시로 암시하고 가르쳤다.
그러면서도 최선을 다하는 사람은
하늘도 돕는다는 말을 새겨주었다.
"그래,
춘도 너는 해낼 거야.

이렇게 열심히 하는데."
이틀이 멀다하고 가운을 빨아왔다.
자기가 직접 다렸다고는 하지만 서툰 탓에
다리미 지나간 흔적이 뚜렷했다.

"선생님, 저 아침에 손톱 깎고 왔어요"
조리사는 항상 깨끗해야 하고
자주 세수하고 손톱이 길지 않아야 한다는
말을 잊지 않았다.

한편으로는 열심히 가르쳤지만
정작 이들이 살아가는 데
어떤 도움이 될지 늘 의문이었다.
직전 학교에서도 직업교육을 맡아
바리스타 교육, 목공예, 한지공예 등
아이들이 할 수 있는 일이라면
무엇이든 가르쳤다.
모르거나 자신 없는 일은 전문학원에서 배우고
그래도 자신 없을 땐 외부강사를 초빙했다.
그러나 정작 아이들의 미래 사회생활로
연장되는 일은 아주 드물다.
교육으로 끝나는 교육,
과연 이런 교육이 필요한지 스스로에게 물었다.

하지만 결론은
그래도 해야 한다는 것이었다.
비록 지금은 안 될 것 같고
안 된다고 할지라도 해야 한다.
백 명 중 단 한 명이라도 기술을 습득해
미래의 삶에 연결된다면.
장애인들에게 수치는 아무런 의미가 없다.
가능성을 믿고 기다려주는 것뿐이다.
춘도는 나와 호흡을 맞춰갔다.

"춘도는 나중에 결혼을 하게 되면
아내에게 요리해 줘야 해. 알았지?"
장난삼아 말하자 춘도는 머리를 흔들었다.

"저 결혼 안 할 거예요.
그냥 우리 엄마랑 같이 살 거예요."
춘도의 굳게 닫힌 입술에서
더 이상 어떤 말도 나오지 않았다.

스물넷

경진대회를 하루 앞둔 날이었다.
연습실로 교장 선생님이 찾아오셨다.

"우리 춘도 학생, 이제 잘하지요?
김효경 선생님이 정말 수고를 많이 하셨는데
좋은 결과가 나오겠지요."

그 전에도 연습실에 들러
위로와 격려의 말씀으로 힘을 실어주셨다.

"네, 이제 잘해요.
춘도가 그동안 얼마나 열심히 했는지 몰라요.
시간이 모자라면

재료를 집에 갖고 가서 연습했거든요."

춘도는 옆에서 웃고만 있었다.
교장 선생님이 연습실에서 나가신 후
춘도와 같이 연습실을 나왔다.

"선생님이 오늘 맛있는 거 사줄게.
그동안 고생 많이 했으니까."
눈이 휘둥그래져서 얼른 묻는다.

"그게 뭔데요?"
"글쎄, 춘도가 좋아하는 게 뭘까?"
"저 짜장면 좋아해요."
"그래, 지금 짜장면 집에 가는 거야."

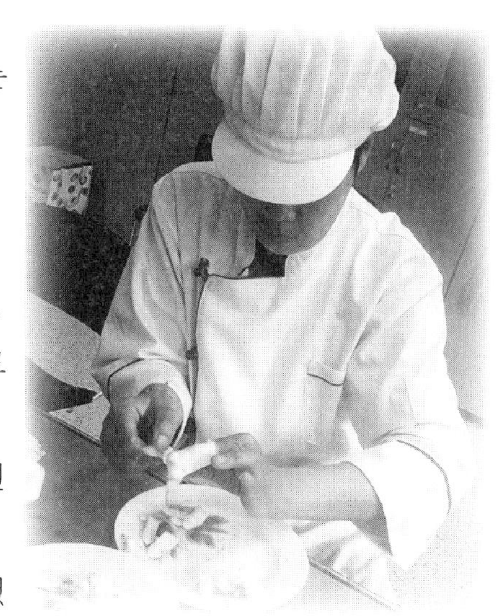

짜장면 집에 간다는 말에
입을 벌리고 눈을 껌벅거렸다.
나를 바라보는 것이 마치 철모르는 어린아이 같았다.
"그렇지 않아도 상금을 타면 짜장면 사먹으려고 했어요."
"선생님 몰래 혼자 갈려고 했

어?"

"아니에요, 선생님도 사드리려고 했어요."

"정말이야? 에구, 고마워라. 우리 춘도 아저씨"

하고 농담하자 정색하며 말한다.

"아저씨 아니에요. 그냥 학생이에요."

춘도는 가끔 나잇값을 하는 학생이다.

아이들이 교실에서 장난치거나 집기를 망가뜨리면

직접 고치거나 바로잡는다.

뿐만 아니라 힘도 좋아서 야외 학습을 할 때

항상 휠체어 탄 아이들을 밀어준다.

자신의 역할을 하면서

내가 하지 못하는 영역까지 도와주었다.

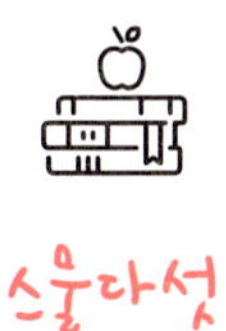

스물다섯

짜장면을 먹고 나온 춘도의 얼굴이 붉게 상기되었다.
연신 감사하다는 말을 하며 허리를 굽혔다.
같은 말을 몇 번이나 반복했는지 모른다.
이렇게 작은 성의에도
감동하고 감사할 줄 아는 그였다.

나는 우리 반 아이들이 정말 사랑스럽다.
특수학교 교사가 되겠다고 했을 때
주변 사람들은 만류했다.
이왕이면 똑똑한 아이들을 가르치는 게 어떠냐고 했다.
나는 '똑똑한'이라는 말이 귀에 거슬렸다.

모든 사람은 교육받을 자격이 있다.

사회는 모든 이들을 가르칠 수 있어야 한다.
교육의 기회는 균등해야 하며
어떤 경우에도 차별이 있어서는 안 된다.

나의 결정을
단 한 번도 후회한 적 없다.
아이들을 볼 때 삶에 더욱더
자신이 생긴다.

이미 많은 것을 받고 있기에
주고 또 줘도 늘 모자라다고 보채는 아이들이 많다.
무엇이든 부족함이 없는 세상,
가진 것이 많아 탈이 되는 세상이다.

춘도는 작은 성의에도
고마워할 줄 알고 감동한다.
그만큼 타인의 호의가 그리웠었다는 말인지도 모르겠다.
아이들의 가슴이 맑게 비어 있기 때문인지도 모른다.

짜장면 한 그릇으로
춘도의 마음을 사로잡은 저녁이었다.
나와 춘도는 내일 있을 경진대회의 좋은 결과를 위해
두 손을 마주치며 파이팅을 외쳤다.

“참, 춘도야.
선생님이 내일 출장을 가야 해서 경진대회는 다른 선생님이 갈 거야. 그래도 괜찮지?”

갑작스럽게 결정된 일이라
알릴 시간이 없었다.
좀 의외라는 듯
쉽게 대답하지 않았다.

“왜 서운해?”

묻자 제법 어른스럽게 대답한다.

“아니에요, 저 혼자서도 갈 수 있어요.”

나는 춘도의 손을 꼭 잡아주었다.
춘도를 버스에 태워 보내고 한동안 서 있었다.

내가 좋아하는 말이 있다.
-진인사대천명-
(사람은 자기가 할 수 있는 일을 다 한 후 하늘의 뜻을 기다린다)
결과를 위해 노력하지만 연연하지 않는다.
그런 의미에서

이번 직업기능경진대회 참가는
많은 의미를 안고 있다.
새로운 영역에 도전하는 기회를 만들어주었고
과정을 충실하게 밟아온 것만으로도
의미가 있다.

버스가 사라지고
천천히 학교 주차장으로 걸어왔다.

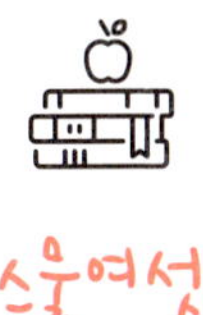

스물여섯

출장에서 돌아오는 길
학교로 가는 버스 안에서
춘도가 일등 했다는 소식을 들었다.
경진대회에 참석했던 선생님으로부터 연락이 왔다.

출장을 가면서도 마음은 경진대회에 있었다.
실격을 당한 건 아닌지,
제시된 과제를 제대로 인지했는지.
모든 게 걱정이었다.

"춘도가 일등을 했어요!"
그 말에 버스가 흔들릴 정도로 크게 대답했다.

"아, 그래요? 정말 잘했네요.
춘도 어디 있어요? 옆에 있으면 바꿔주세요."

사람들이 모두
나를 쳐다보고 있는 것도 몰랐다.

"춘도야, 일등 한 거야? 그럴 줄 알았어. 정말 수고했어. 축하해."
"선생님, 감사합니다."

일등만 소중한 건 아니지만
꿈을 안고 노력해온 긴 시간이
결코 헛되지 않았다는 게 기뻤다.

비록 장애를 안고 살아가는 아이들이지만
이렇게 작은 꿈일망정 하나씩 이뤄가는 것을
보여주고 싶었다.
장애인도 할 수 있다는 것.......
그 일을 춘도가 해냈다는 게 더욱 신났다.

이미 퇴근 시간이 지났지만
춘도와 인솔 선생님이
학교로 온다는 말을 듣고 학교로 향했다.
감격의 시간을 놓치고 싶지 않았다.

스물일곱

다음 날,
조회시간이었다.
전교생이 2층 강당으로 모였다.
춘도가 받은 상을 수여하는 조회였다.
신이 난 것을 감추지 못했다.

사회자 선생님이
박춘도라는 이름을 부르자
큰 소리로 대답하고 앞으로 나갔다.
나가면서 나를 쳐다보았다.
나는 엄지손가락을 펴 보였다.

다른 종목에도 우리 학교 학생들이 참가했지만

수상한 것은 춘도뿐이었다.

“잘했어 춘도야! 넌 상 받을 자격 있어.”
나지막한 소리가 입속에 맴돌았다.
싫다거나 못하겠다는 말을 하면서도
내 말에는 무조건 ‘예’라고 대답했다.

춘도는 전날 받아온 금메달을 목에 걸었다.

상장을 받아든 손이 떨렸다.
그래도 입은 여전히 싱글벙글이었다.

"김효경 선생님도 수고 많으셨어요."

교장 선생님을 비롯한 여러 선생님들이
모두 격려의 말을 한마디씩 던져주었다.
하지만 나를 향한 그 어떤 말보다
춘도에게 해주는 말들이 더 마음에 와 닿았다.

"저는 그냥 가르쳤을 뿐이에요.
춘도가 열심히 잘해준 거죠."

어떤 대가를 바라본 적은 없다.
춘도의 입상 경력이
나의 이력에 도움이 되는 것도 아니다.
그럼에도 이렇듯 기쁘고 즐거운 것은
우리가 무엇인가를 해냈다는 마음 때문이리라.

쉽게 조롱당하고
웃음거리가 되는 장애 아이들이지만
뭔가 할 수 있다는 것을
세상에 보여주고 싶었다.

스물여덟

상금은 통장으로 입금되었다.
사본을 신청서와 함께 보내야 해서 이번에 만든 것이었다.

"선생님, 돈은 언제 받으러 가요?"

틈만 나면 물어서 그때마다 설명해주었지만
이해하지 못했다.

"받으러 가는 게 아니고 네 통장으로 입금될 거야."

"그럼 저는 돈을 못 받는 거예요?"
통장과 자신의 관계를 깨닫지 못한 춘도는
돈을 받지 못한다만 생각했다.

"아니, 그게 아니라 통장에 돈이 입금이 되면
은행에 가서 찾으면 되는 거야."
"은행에 가면 그냥 돈을 줘요?"
"통장을 갖고 가면 은행에서 돈을 주는 거야."

설득과 설명을 거듭했다.
나의 말이기에 어쩔 수 없이 수긍했지만
여전히 불안해하는 눈치였다.

춘도가 원하는 건 휴대전화였다.

계속해서 돈이 들어간다는 걸 설명하고
설득하자 그제서야 속마음을 꺼냈다.

춘도가 하고 싶었던 건
이어폰을 귀에 꽂고 음악을 듣는 것이었다.
길거리의 많은 사람들이
가지고 다니는 걸 보고 부러워했던 것이다.
무엇을 왜 꽂는지 모르지만
좋아보였던 거다.

"춘도야,
귀에 꽂는 건 음악을 듣거나 공부하는 거야.

너도 그렇게 하고 싶어?"
춘도는 얼른 대답한다.

"네, 하얀 색 귀에 꽂고...."
"알았어,
음악 들을 수 있는 걸로 주문해줄게.
인터넷으로 주문할까?"

모델을 하나하나 검색해서 보여주었다.
성능과 가격을 꼼꼼히 비교하며 의논했다.
춘도가 아무것도 결정하지 못해서
도와주었다.

문제는 물건을 받는 데 2, 3일 정도 걸린다는 말을
이해하지 못했다.
물건을 주문하면 바로 오는 줄로 알고 있었다.
할 수 없이 또 길게 설명해야만 했다.

그나마 다행인 것은
무엇이든 내가 설명을 하면 쉽게 수긍한다는 것이었다.
이유를 묻지 않고 의심하지 않았다.
세상을 믿는 것이 아니라 사람을 믿었다.

최선을 다해 돕는 걸
누구보다 인정해주어 춘도에게 고마웠다.

도착하는 대로 좋아하는 음악을
다운 받아주겠다고 약속했다.

사랑이 떠나가네, 고백, 사랑은 은하수, 너를 위해, 드림아이, 네버엔딩 스토리……

mp3에 담아달라는 노래는 이 외에도 많았다.
대부분 나도 모르는 노래들이었다.
어떻게 그런 노래들을 알게 됐는지 묻지 않았다.

스물아홉

그날부터 춘도의 귀에는 항상 이어폰이 꽂혀 있었다.

하얀색 이어폰을 꽂고 어깨를 흔들며
당당하게 걸어가는 모습을 볼 때마다
웃음이 절로 나왔다.
마치 어릿광대의 뒷모습을 보는 것 같았다.

다행히 수업 중에는 음악을 듣지 않았다.
mp3를 사주면서 제일 걱정이었던 건
행여 수업에 방해가 될지 모른다는 것이었다.
더욱이 젊은 선생님들은
춘도를 학생으로 여기지 않았다.
나이가 십여 년 연상이다보니

학생으로 보이지 않는다는 선생님도 있었다.
지시하거나 훈계하는 일이 어려웠다.
그래서 춘도와 약속과 다짐을 몇 번이나 거듭했다.

"만약 수업 중에 음악을 듣는다는 말이 들리면
내가 이어폰 빼앗을 거야. 알았지?
나랑 약속하는 거지?"

"네, 알았어요. 선생님 말씀 잘 듣겠습니다."
그 말대로 춘도는 수업 중에 음악을 듣지 않았다.
수업을 마치고 나오는 선생님에게 물어봐도
같은 대답이었다.

"춘도 학생이 상을 받고 난 뒤부터
그 반 수업 분위기도 정말 좋아졌어요.
춘도가 앞장서서 아이들을 잘 이끌어요.
내 말은 안 들어도 춘도 말은 잘 듣거든요."

mp3를 사준 다음 날,
춘도는 나에게 주는 거라며
은박지로 포장된 작은 선물을 가져왔다.
만져보고 양말이라는 것을 알았지만
모르는 척하고 말했다.

"춘도야, 이게 뭐야? 비싼 거 아니지?"
"네, 비싼 거 아니에요. 궁금하면 뜯어보세요."

춘도가 보는 앞에서 선물을 뜯었다.
얇고 목이 짧은 여름용 양말이
하얀색 검정색 하나씩 들어 있었다.

"어거 누가 골랐어, 춘도가 골랐어? 잘 골랐네.
그렇지 않아도 양말이 필요했는데
이걸로 됐어.
앞으로는 선물 같은 거 사오지 마. 알았지?"
"네."
춘도의 대답은 언제나 시원하다.

"이 양말 네가 샀어?"
"네, 제가 가게에 가서 샀어요"

하며 자랑스럽게 대답한다.
나는 양말을 받은 것보다
이제 필요한 물건이나 소소한
것들은 스스로 시장이나 가게에
가서 살 수 있다는 사실이 더 뿌
듯했다.

서른

여름 방학이 끝나고 2학기가 시작되었다.
춘도는 교과 수업은 따라가지 못하지만
접기와 만들기, 심지어 바느질까지
모든 것에서 열심이다.
공예실 도구 중 위험하다고 생각되는 물건은
자기만 아는 곳에 숨겨두는 속깊음도 있다.

한번은 망치가 필요해서 찾는데
항상 있어야 할 공구함에 없고
선반 위에도 보이지 않았다.
나중에야 내가 찾고 있다는 것을 알고
선반 구석에서 찾아왔다.

"내가 감췄어요. 아이들이 다칠까봐서요."
교실 안에서도 그렇지만
견학이나 야외 학습을 할 땐
장애 정도가 깊어 통제하기 어려운
의찬이의 손을 꼭 잡고 이끌었다.
의찬이도 춘도의 말이라면 잘 들었다.

한번은 가방에 과자와 빵을 한가득 담아왔다.
전날 보육원에 들어온 선물에서
남은 것을 갖고 왔다고 한다.

"친구들 주려고 갖고 왔어요. 목사님한테 말씀드렸어요."

아무리 작은 것 하나라도
비록 내 것이라고 해도 밖으로 갖고 나올 때는
어른들께 말씀드리고 허락을 받아야 한다고 일렀다.

"그래, 목사님께 감사하다고 말씀 전해 드려라. 꼭."
춘도가 가지고 온 과자와 빵으로
오랜만에 우리 반 전체 파티를 열었다.

이렇게 춘도는 학생이면서도
반을 이끌어가는 또 다른 선생님으로

아이들의 마음에 새겨졌다.
내가 직접 아이들에게 지시하기도 하지만
가끔은 춘도를 중심으로
아이들이 스스로 할 수 있도록
자율에 맡기기도 했다.
훗날 학교를 벗어난 삶의 자리에서도
유용하기를 바라며 지시와 자율을
섞어 적절히 지도했다.

최소한 생활하는 데 있어
타인의 손길을 바라지 않고
스스로 할 수 있는 일이
몸에 배도록 가르쳤다.

춘도는 선생님만 좋아해

4

이야기 서른하나부터 마흔둘.

한계라고 생각하고 단념하고 싶었지만 포기란 없어 보였다. 그래, 해보는 거야. 이왕 시작한 일이니까. 뭐가 힘들고 외로운지 모르고 그저 열심인 춘도였기에 내가 더 힘을 내야 한다고 다짐했다

서른하나

그 무렵,
경기지역 특수학생 직업경진대회 공문이 내려왔다.
제일 먼저 춘도가 생각났다.
이번에도 한 가지 종목에 출전시키고 싶었다.

"선생님, 또 무슨 대회 없어요?"
"응, 기다려 봐. 또 있을 거야."

경진 종목은 주로 공업계 계통이었다.
비누공예나 한지공예 자격증은 있지만
내가 직접 가르칠 수 있는 종목은 없었다.
남자 선생님들에게 부탁했지만
한결같이 자신 없다는 대답이었다.

"춘도야, 이번엔 포기해야 할 거 같아.
너를 가르쳐줄 선생님이 없어."
"왜요?"

춘도에게 경진대회의 종목을 말해주자
반색하며 자신 있다는 듯 대답했다.

"전기 만드는 거 해봤어요.
보육원에서 원장 선생님이 가르쳐주셨어요."

춘도의 말을 액면 그대로 받아드릴 수는 없지만
이대로 포기하는 것도 마음에 걸렸다.
무엇이든 동원해 희망을 주고 싶었다.

다음 날,
공문을 다시 읽어본 후
전기 배선 종목을 택했다.
인터넷에 올라온 도면은
처음 보는 것이었지만
그리 어려워 보이지 않았다.

모르는 것은 어떻게든 알아봐서
할 수 있겠다는 생각이 들었다.

전기 공사하는 사람을 찾아가
물어볼 생각이었다.

여자라서 못한다는 생각은
하지 않기로 했다.
공업계에 대해 아는 바는 없지만
배우면서 가르치면 된다고 생각했다.

재료를 어디서 구입해야 하는지부터 문제였다.
전선의 종류가 왜 그리도 많은지
부품의 이름조차 생소했다.
도면을 인쇄하여 동네 전기 공사하는 집을 찾아갔다.
잘 알지도 못하는 사람을
무조건 찾아가 부탁했다.

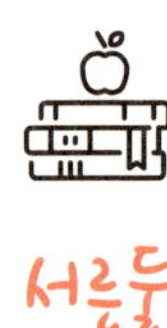

서른둘

특수학교 교사라고 소개한 후
대회의 특징을 자세히 말씀드렸더니
사장님은 흔쾌히 승낙하셨다.

"이 정도면 그리 어렵지 않아요.
제가 말씀드리는 부분만 열심히 하면 될 거예요.
일단 내일 아이를 데리고 와보세요.
제가 한번 가르쳐주면 연습해야 할 거예요."

자기 일처럼 나서주시는
전기공사 사장님이 너무도 고마웠다.
뜻이 있으면 길이 있다는 말처럼
길 없는 희망은 없다.

다음 날,
춘도와 함께 전기공사 사장님 사무실로 찾아갔다.
사장님은 전선 끝을 잘라내고 잇는 것부터
부품의 이름과 용도를 차근차근 설명해주셨다.
생소한 이름은 메모지에 적고
연습하다 막히면 다시 열어볼 생각으로
일일이 사진을 찍어두었다.

도면대로 작업한 후
전구를 꽂는 순간 환하게 불이 들어오는 것을 보며
춘도의 입이 벌어졌다.

"춘도라고 했지? 너도 할 수 있어.
아저씨가 가르쳐준 거 잊지 말고 잘 기억했다가
그대로만 하면 돼. 알았지?
하다가 모르는 거 있으면 전화해. 가르쳐줄게."

자기 자식처럼 따스하게 보듬고
안아주는 분이셨다.

"네, 감사합니다."

하늘은 스스로 돕는 자를 돕는다는

속담을 마음에 담고 가게를 나왔다.

처음 공문을 받았을 때만 해도
불가능할 거라고 생각했지만
전기공사 사장님의 설명을 듣고
좋은 성적을 기대할 수 있을 거라는
자신감이 생겼다.

"선생님, 이번에도 열심히 해서 일등 할게요."
학교로 돌아오는 길에 거듭 다짐했다.

"그래, 넌 할 수 있어."

서른셋

문제가 생겼다.
춘도를 일찍 귀가시켜달라는 보육원의 요청이었다.
해야 할 일이 많다고 했다.

2학기에 접어들면서 나 역시 업무가 많아졌다.
어느 학교든 교사가 가르치는 일에만
전념할 수 없는 현실이다.

박사과정도 일 년을 이수하고 쉬었다.
하루라도 빨리 학위를 얻고 싶었지만
교사 업무가 우선이었다.

전기공사 사장님에게 교육을 받았지만 자신 없었다.

경험이나 지식 없이 도전한다는 건
무모한 짓이었다.
한편으로는 이번 대회를 포기하고 싶지 않았다.
복잡한 사정이 얽히면서 마음이 흔들렸다.

춘도가 교실을 서성였다.

"아직 집에 안 갔어?
원장님이 빨리 오라고 했다면서."

"괜찮아요.
대회 끝나고 일 더 많이 해준다고 했어요."
"정말 괜찮겠어,
나중에 원장 선생님한테 혼나는 거 아냐?"

작업도구를 챙기는 춘도를 보며
하늘에서 찬란하게 쏟아지는 한 줄기 불빛이
빈 교실 가득 넘치는 것 같았다.

다가가 손을 잡아주었다.

"춘도야, 이번에도 꼭 일등 하자."
"네, 선생님 꼭 일등 할게요."

등수 밖으로 밀렸다고 해도 실패한 건 아니다.
일등이 중요한 건 아니지만
목표가 확실하게 정해져 있는
마음이 아름다웠다.

서른넷

경진대회 연습을 하루도 쉬지 않았다.
수업을 제외한 모든 시간을
연습하는 데 썼다.
똑같은 일을 하루에 서너 번씩 되풀이했지만
한 번도 싫은 표정을 하지 않았다.

드릴로 구멍을 뚫고 나사를 조이고
전선을 연결한다.
스위치와 소켓에 선을 연결한 다음
선을 길게 빼서 본선과 연결하고
스위치를 올렸을 때 불이 들어와야 한다.

이제 나도 쉽게 떠올릴 수 있는 작업 내용이

춘도에게는 여전히 어려운 일이었다.
우선 전선의 길이가 정확해야 하고
나사 조이는 일과 선을 연결하는 부분이
매끄러워야 했다.

모든 과정을 매일 확인하며 가르쳤지만
다음 날이면 또 새롭게 가르쳐야 했다.
분명 이해를 한 듯한데 아니었나 보다.

한계라고 생각하고 단념하고 싶었지만
포기란 없어 보였다.
오히려 나약해지는 건 나였다.
이렇게 해서 얻는 게 뭔가 싶을 때도 있었다.
남자 선생님들도 외면한 일을
여자인 내가 맡아야 한다는 게 외로웠다.
그렇다고 이대로 멈출 수는 없었다.

그래, 해보는 거야. 이왕 시작한 일이니까.

무엇보다 춘도를 볼 때마다 힘이 났다.
뭐가 힘들고 외로운지 모르고
그저 열심인 춘도였기에
내가 더 힘을 내야 한다고 다짐했다

서른다섯

춘도는 우리 학교의 자랑이었다.
학생들 사이에서는 물론
교사들한테도 인기가 많아졌다.

나이가 많다는 생각은
한낱 우리들의 선입견이었다.
그는 나이로 인해 유리한 점을 만들려고 하지 않았다.
그저 이백여 명의 학생 중 하나였다.

보육원에서 먹을 것을 싸오는 일이 잦아졌다.

가방을 반쯤 채워와서
반 아이들에게 고루 나눠줄 땐

마치 자식들을 거둬 먹이는
아버지의 모습을 보는 것 같았다.
춘도를 가르쳐온 선생님들은
전에 비해 웃음도 많아졌다고 한다.

"전에는 그렇지 않았어요.
좀처럼 웃지도 않고
묻는 말에 대답도 안 했어요.
선생님을 만나고 나서 완전히 달라졌어요."

영애는 춘도가 늘 옆에 앉는 게 좋다고 했다.

춘도는 사람을 잘 물고
가끔씩 혼자 교실을 빠져나가는 의찬이를
옆에 앉아서 감시했다.

학교 정문을 나가면 대로가 나오는데
위험하기도 하지만 무엇보다
의찬이는 교실을 다시 찾아오지 못하는 경우가 많았다.

지난 3월,
아이들의 성격이나 특징을 파악하지 못했던 나는
의찬이에게 팔뚝을 물렸다.

힘도 세고 갑작스럽게 당한 일이라
미처 방어할 수 없었다.
상처가 깊어 파상풍 주사를 맞고
한동안 붕대를 감고 수업해야만 했다.

그 다음 날부터
춘도가 의찬이의 옆자리를 차고앉았다.

“선생님, 제가 의찬이 옆에 앉을게요.”
“의찬이한테 물리면 어떻게 하려고?”
“괜찮아요, 저는 물려도 안 아파요.”

그때는 헤아리지 못했다.
춘도의 마음 씀씀이로 인해 다른 학생들은 물론이고
나 역시 의찬이에게 물리지 않았다.

춘도 뒤를 졸졸 따라다니던 영애는 삐치는 횟수가 잦아졌다.
그리고 버릇처럼 하는 말이 있다.

“춘도는 나빠,
춘도는 선생님만 좋아해.”

입을 내미는 영애가 너무 예쁘다.

서른여섯

경진대회 예선 날이었다.
열두 명이 참가하여
그 중 일곱 명만 결선에 오른다.
일찍 출발하기 위해 서둘러 학교로 갔다.
춘도에게 늦지 말라고 단단히 일렀다.

예감대로 춘도가 먼저 등교해서 기다리고 있었다.
얼굴을 보니 아침도 못 먹은 듯했다.
이른 시간에 아침을 챙겨줄 사람이 없었던 모양이다.

"빵이랑 우유 먹을래?"
싫다는 소리를 하지 않는다.
학교 앞 가게에서 사온

빵과 딸기우유를 허겁지겁 먹는다.

“천천히 먹어, 시간 많아.
다른 애들도 아직 안 왔잖아.
체하면 경진대회도 못 해.”

제과제빵, 포장조립 등
다른 종목에 출전하는 학생들과 함께
성남으로 갈 예정이었다.
다른 아이들이 오기 전에
대회에 필요한 도구를 모두 챙겨놓았다.

“선생님, 자꾸만 떨려요.”
“괜찮아, 넌 잘할 거야. 많이 연습했잖아.
연습한 대로만 하면 돼.”

왜 안 떨리겠는가?
이번에 떨어져도 내년이 있으니까
최선을 다하자고 몇 번이나 안심시켰다.

장학사와 장학관이 차례로 강단에 올라왔다.
춘도는 그들의 인사말과
주의사항 및 요령을 들으려고 하지 않았다.

불안한 듯 내 얼굴만 쳐다봤다.

교실이 배정되고
밖에서 기다리는 동안 초조했다.
처음 겪는 일도 아니건만 불안했다.
춘도는 길이를 재는 데 서툴렀다.
주어진 전선의 길이는 오십 센티미터였는데
지난번 요리경진대회와 마찬가지로 들쭉날쭉했다.

그런데
춘도가 제일 먼저 나오는 것이 아닌가?
의외의 상황에 뭔가 크게 잘못된 줄 알고
놀랐는데 춘도의 말을 듣고
조금 안심이 되었다.
"쉬워요. 선생님이 시키는 대로 다 잘했어요.
손이 조금 떨렸지만 교실 선생님도 잘했다고 했어요."

돌아오는 길에 짜장면을 사먹었다.

"짜장면이 제일 맛있어요."
입가에 묻은 짜장을 닦아내며 웃었다.

다음 날 오전, 예선 통과했다는 연락을 받았다.

서른일곱

춘도의 꿈은 계속 이어졌다.

인사하는 허리가 더 굽어지고 말소리도 우렁찼다.
콧노래와 가벼운 발걸음, 활짝 웃는 얼굴.
춘도를 지켜보면서
꿈을 안고 살아가는 것이
얼마나 아름다운 일인지 느끼게 되었다.

만나는 선생님들마다 춘도를 응원했다.

"춘도 학생! 이번에도 일등 해야 해요. 홧팅!"
하고 두 엄지손가락을 펴 보이면 따라한다.

"네, 일등 하겠습니다"

어깨를 으스대며 걷는 걸 보면 덩달아 기분이 좋아졌다.
껑충한 몸을 흔들며 걸어갈 땐
희극배우의 몸짓처럼 보는 것 같았다.

괜히 웃음이 나서 웃다가 들켜
두 엄지손가락을 펴 보이면 씨익 웃으며 따라한다.

"오늘은 원장 목사님한테
늦게 간다고 말씀드렸어요."
퇴근 시간을 미루는 일이 난감했지만
한 사람의 가슴에 희망을 심어줄 수 있다면
나의 하루는 값진 것이었다.

"알았어, 오늘도 열심히 해야 해."

공예부 교실에는 널빤지와 전기 재료들이
준비되어 있었다.
수업을 마치고 춘도가 미리 준비해놓은 것이다.
전선의 끄트머리를 자르는 것부터
잘라낸 전선 끝을 연결하는 것까지
모든 게 능숙했다.

자로 길이를 재는 것도 거침없었다.

걱정이 되기 시작했다.
정확하게 가르친 것인지 불안했다.
한 종목에 적어도 수십 명의 학생들이
겨루는 전국경진대회니 만큼
작은 실수 하나도 용납되지 않는다.

입상이 중요한 건 아니라고 해도
목표를 향해 나가는 아이들에게는
성취감도 중요하다.

"춘도야, 좋은 꿈꿔."

부디 춘도의 꿈이 계속되길 바라지만
나의 몫은 여기까지인가 싶어
마음이 편치 않았다.

아무리 결과가 중요하다고 해도
최선을 다한 결과는
모두의 승리이며
아름다울 수밖에 없다고 생각했다.

서른여덟

본선 날이었다.

그동안 후회 없이 준비했지만
몇 번씩 수정되는 대회 요령 때문에
마음이 어지러웠다.
채점 기준과 작업 내용에 대해서도
자신이 없었다.

전날 춘도를 일찍 귀가시켰다.
같은 일을 수없이 반복하면서
단 한 번도 싫다는 소리를 하지 않았다.
매번 새로운 것을 시작하는 사람처럼 진지했다.

옆에서 지켜보며 좀 더 확신을 가지고
잘 가르쳐주지 못한 게 미안했다.

한편으로는 최선을 다했다.
생전 처음 만져본 생소한 부품과 전기 배선,
모르면 묻고 다시 찾아가고 인테넛을 뒤지며
요령을 익혀 가르쳤다.

이제 던져진 시간 위에
지금까지 해온 과정을 그대로 옮겨놓으면 된다.
나머지는 결과를 겸허하게 받아들이는 것뿐이었다.
10월 12일,
오전 수업을 마치고
다른 학생 둘과 인솔 교사 한 명,
춘도와 나는 출장 중인 교장 선생님을 대신해
교감 선생님의 배웅을 받으며 출발했다.

대회는 다음 날이었지만
전날 대회 장소인 용인파인리조트에 모여
하루를 숙박해야만 했다.
춘도는 웃지도 않고
말없이 비장해 보였다.

서른아홉

경직된 춘도를
여러 방법으로 달랬지만 쉽지 않았다.
지난밤 숙소에서 혼자 연습하는 것을 보고
다른 학교 선생들마저
춘도가 일등을 할 거라고 했지만
나는 누구보다 춘도를 잘 알고 있었다.

춘도에게 간질이 있다는 것을 늦게 알았다.
진정약을 먹고 있었지만,
잘하다가 어느 순간
기억을 잃어버린 사람처럼 멍하니 서 있다.
대회에 참가하는 동안 증상이 나타나지 않기를 바랐다.

사람들이 한번에 몰려드는 바람에
허겁지겁 식사를 마치고 입실 시간에 겨우 맞췄다.

“왜 그래?”
이마에 땀이 송글송글 맺혀
가볍게 떨고 있었다.

“그냥 떨려요.”
“괜찮아.
마음 편하게 먹고 차분하게
연습한 대로만 하면 돼.”

대답은 여느때처럼 활기를 띠지 않았다.
나를 다시 한 번 쳐다보고
교실로 들어갔다.

춘도의 뒷모습을 안타깝게 바라보다가
대회장을 나와 정원을 서성이며
새삼 눈에 보이는 가로수
은행나무 잎은 노란색이었다.

휴대전화로 시간을 확인하고
삼십여 분이 지났을 때

나오는 사람의 얼굴만 보았다.
삼십 분이면 충분하다던
춘도의 모습이 보이지 않았다.

한 시간 정도 흘렀을 때
춘도가 걸어나왔다.
나는 얼른 달려가 춘도의 손을 잡았다.
얼굴이 땀으로 흠뻑 젖어 있었다.
"어려웠어?"
"손이 자꾸 떨렸어요."
그러고는 긴 한숨을 내리쉬었다.
손수건을 꺼내 얼굴을 닦아주었다.

"수고 했어, 춘도야. 이제 마음놓고 기다리자."
"일등 못하면 어떡하죠?"
"못해도 할 수 없지.
올해 1학년이니까 내년도 후년도 있어.
일등을 못해도 내년에 다시 하면 돼."

"그래도 저는 일등하고 싶어요.
상금으로 시계 살 건데...."

처음 듣는 말이었다.
춘도는 내심 일등에게 주는 상금을 기대하고 있었다.
시계를 잃은 표정이었다.

결과 역시 대상과 금은동상이 주어지는
등수에 들지 못했다.

"괜찮아, 춘도야.
내년에는 꼭 일등하자.
다른 선생님들도 네가 일등할 거라고 했거든."

"쉬웠어요, 근데 자꾸 떨렸어요."

학교로 돌아오는 동안

입상하지 못한 아쉬움을 꺼내는
춘도의 손을 꼭 잡아주었다.
창밖으로 보이는 가을 정경이 쓸쓸했다.

춘도를 보내고 집으로 돌아와
서둘러 시장으로 나갔다.
어둠이 내린 시장은 불빛만 살아 있었다.

나는 검정색 전자시계를 하나 골랐다.

마흔

그 무렵,
먼저 근무하던 학교에서 담임을 맡아 가르쳤던
창민 창현 쌍둥이 형제가 열여섯 꽃 같은 나이에
세상을 떠났다는 소식을 접했다.

두 아이는 공교롭게도 지적장애이면서
전신의 근육이 굳어가는 같은 병을 앓았다.
연락을 해준 선생님도 울고
나도 하루 종일 우울한 감정에서 벗어나지 못했다.

육신의 한 마디가 떨어져 나가는 것 같았다.
슬퍼하는 것 말고 달리 할 수 있는 일이 없었다.
의학도 복지시설도 운명 앞에 쓰러져 가는

아이들을 구할 수 없었다.

마음을 추스르며 창민 창현이의 일을 잊으려고 애썼다.
창밖의 은행나무를 보며 눈물을 훔쳐냈다.
나를 유심히 지켜보던 춘도는 침울해 보였다.

"선생님, 죄송합니다."
"뭐가 죄송해, 선생님한테 잘못한 일 있어?"
"제가 경진대회에서 꼴지를 해서 그러는 거 다 압니다."

경진대회에서 좋은 성적을 내지 못한 것
때문이라고 생각했던 모양이다.

"아냐, 너 때문에 그러는 거 아냐. 다른 일이 있어서 그래."

춘도의 어깨를 만져주며 더 웃어 보였다.
그제서야 얼굴을 펴고 자리로 돌아가 앉았다.

이 소식은 바로 며칠 전,
동료 교사로부터 들은 이야기의 아픔이
채 가시기도 전에 접한 것이라 더 충격이었다.
대회 준비 때문에 미처 슬퍼할 겨를도 없었다.
나 자신이 꿋꿋해야 춘도를 지도할 수 있다는 생각에

슬픔에 깊이 빠져들지 않으려고 했다.

자폐아 훈석이는
모든 사람들이 칭찬하는 아이였다.
하얀 피부와 커다란 눈, 약간의 곱슬머리까지
누구나 인정하는 잘생긴 얼굴이었다.

대부분의 장애아들이 갖는 집착을 강하게 갖고 있었다.
자기가 좋아하는 것은 반드시 손에 넣어야 하고
그렇지 않으면 몸부림치며
저항하는 습성이 있었다.

그날은 굳이 우산을 쓰지 않아도 될 만큼
비가 약하게 내렸다.
노란색에 편집증이 있던 훈석이는
건너편에서 노란 우산을 쓰고 가는 사람을 보고
도로로 뛰어들었다.
순간적으로 일어난 일이라
하교 도우미도 미처 어찌할 수 없었다.

훈석이는 결국 달려오는 차에 치어 목숨을 잃었다.
춘도는 교실을 나가면서도 자꾸만 뒤돌아보았다.
손을 흔들어 아무 일 없다는 신호를 보냈다.

마흔하나

사랑한다.
우리 학교 아이들은 물론
이 세상 모든 장애학생들의 삶과
장애까지도 사랑한다.

이들과 함께해온 스물여덟 해,
기억에 고스란히 남아 있다.

내가 처음 교사 생활을 시작했던 때와
비교해 많은 변화가 있었지만
여기가 끝은 아니다.

의학과 의술이 놀라우리만큼 진전해도

세상 어느 곳에서는 여전히 장애아는 태어난다.
아이는 자라서 성인이 되고
사회의 한 모퉁이에 서 있을 것이다.

지금 우리 사회에는
장애를 가진 사람들이 설 자리가 없다.

보기 싫고 깨닫는 것이 둔하다는 이유로
그저 가둬놓으려고만 하고
그들의 의지와 능력에 대해서는
관심을 갖지 않는다.
그들에게도 사랑과 관심, 목표가 있다.
스스로 깨닫지 못하면 깨우쳐줘야 한다.

교사는 꿈을 키워주는 사람이다.
굳이 학교가 아니어도 가르치고 배울 수 있지만
꿈을 키워주는 건
가슴이 아니면 할 수 없는 일이다.

이 글을 쓰기 시작할 무렵
어느 장애학교에서 벌어진 장애아 성폭행 사건으로
가슴이 아프고 답답했다.

장애아를 상대로 한 일이기에 더욱 원망스러웠다.
자신을 보호할 힘이 없고
무슨 일을 당하는지조차 모르는 아이들을 상대로
범죄가 일어난다는 사실이 서글프다.

아동 범죄를 비롯해
장애아들을 대상으로 하는 범죄는 사라져야 한다.
모든 사람에게 꿈이 있다면
장애를 겪는 이들에게도 꿈이 있다.

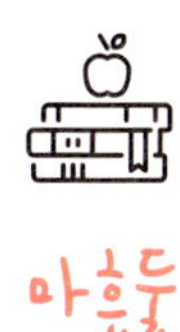

마흔둘

춘도, 그 후의 이야기

춘도는 전공과에 진학하지 않았다.
"선생님, 저는 고등학교 졸업하면 취업해서 돈 벌고 싶어요."

돈을 벌어 부모님과 같이 살고 싶다던
춘도가 왠지 안쓰러운 건
우리 사회에 이들을 따스하게 품어줄 가슴과 의지가
얼마나 있을까 하는 회의 때문일까.

시간은 사람을 불러오고 몰아낸다.
넓고 자유로워야 할 세상이
억압이나 차별이 되지는 않을까 걱정이다.

춘도는 마냥 꿈에 부풀어 걱정이 없어 보였다.
부디 어디서든 건강하게 잘 살기를 바라며
학교에서 떠나보냈다.
그로부터 여러 해가 흘렀다.
함께했던 아이들 모두 어디에서 어떻게 살고 있는지
그립고 보고 싶었다.

그날 문득
춘도가 어떻게 지내고 있는지 궁금했다.
그가 졸업하고 나도 학교를 옮겨
교감 자리를 맡게 되었다.
큰맘 먹고 찾아간 경기도 구리 샬롬의 집.
전화로 연락이 된 춘도는 지난번처럼
열쇠고리와 종이꽃을 만들어놓고
기다리고 있었다.

"선생님 드리려고 만들었어요."
순간 가슴이 먹먹했다.

제과점에서 산 음료와 빵을 보자
춘도의 입이 벌어졌다.
요리경진대회 연습을 하던 때와 같은 얼굴이다.
희끗희끗한 머리카락에 여전히 청순한 학생이었다.

춘도는 신이 나서 만나는 사람들마다
나를 소개했다.

"우리 선생님이에요."
자랑스러워하는 춘도 옆에서 인사했다.

"선생님 제 방에 들어가볼래요?"
자기 방을 보여주고 싶은 모양이었다.
"네 방이 따로 있니?"

묻자 자랑스럽다는 듯 대답한다.
“네, 이층이에요”
춘도는 계단을 껑충껑충 뛰어올라갔다.
또 다른 한 명과 같이 쓴다는 방은 넓고 깨끗했다.
그림책이 몇 권 꽂혀 있는 책상,
대형 텔리비전과 옷장, 거울.
방안을 훑어보았다.

“퇴근하고 뭐하니?”
컴퓨터 앞에 앉더니 게임하는 시범을 보였다.
“일은 힘들지 않니?”
“네, 하나도 힘들지 않아요.”

춘도는 구리시 장애인복지관에서
일터 반장을 맡아 포장조립을 한다고 했다.
며칠 전에 딴 방역소독 수료증을
자랑스럽게 보여주었다.
세상을 살아가는 게 아무리 어렵고 힘들어도
희망을 갖고 살아가는 사람에겐
희망이 세상이다.

춘도가 꿈을 잃지 않도록 격려했다.
“그래, 꼭 돈 많이 벌어서

부모님 모시고 행복하게 살아야 해.
알았지?"
"네, 돈 많이 벌어서 부모님과 같이 살 거예요"

어둠이 오면 새록새록 떠오르는 별처럼
눈을 감으면 내 가슴에 별이 되어
나타나는 아이들,
마음 같아서는 아이들을 모두 찾아가
근황을 묻고 싶다.

바리스타가 된 남현이는 잘 있을까?
어느 복지시설에서 운영하는

제2014-047호

표 창 장

경은학교고등부3학년1반
성 명 : 박 춘 도

위 학생은 평소 품행이 단정하고 성적이 우수하며 특히 봉사정신과 어른에 대한 효성이 지극하여 타의 귀감이 되므로 영예로운 졸업을 맞이하여 이에 표창합니다.

2014 년 02 월 12 일

대한민국국회
국 회 의 원 박 기 춘

커피전문점에서 일한다는 소식을 들었다.
따스하게 보살펴주시는 부모님과
잘 지내고 있으리라 믿기에 더 이상 걱정하지 않았다.

춘도를 무척이나 좋아하던 영애는 어떻게 됐을까?

지금쯤 성인이 됐을 텐데
여전히 춘도를 잊지 못하고 있는 건 아닐지.

괜히 웃음이 났다.
휠체어에 의지할 수 밖에 없는 건주도 보고 싶다.
건강에 이상이 없어야 할 텐데.

돌아오는 차 안에서
어둠 속의 별들이 하늘을 가득 수놓은 것처럼
떠나간 아이들의 얼굴이 그립게 피어났다.

나영이 이야기

이야기 하나부터 아홉.

나영이는 절망과 희망, 도전과 응전, 괴로움을 겪으면서도 좌절하지 않았다. 자신을 일으키고 무엇보다 소중한 존재로 여기게 됐다는 말을 하면서 나영이 어머니는 뜨거운 눈물을 흘렸다.

나영이 이야기 하나

좋아서 택한 길,
갈 수 있는 단 하나의 길,
이 길이 나의 천직이라고 생각한다.

하기로 하면 무슨 일이든 못하랴마는
나 자신에 대한 보람과 긍지를 가질 수 있는
일을 만나기는 결코 쉽지 않으리라.

내가 걷고 있는 길은 생애 가장 큰 축복이다.

장애를 겪는 아이들에게
작은 보살핌과 가르침을 줄 수 있다는 것이
즐거움이고 자랑이다.
그들을 사랑할 수 있는 삶의 자리가 더없이 행복하다.

특수교육이라는 분야가 사회에서 대접받거나
우러를 위치에 있는 것은 아니다.

무엇이 특수한지,
특수학교라는 말이 어떻게 생기게 되었는지
의문스러울 때가 많다.

따로 이름 지어 바깥세상으로 밀어낸 것 같아
마음이 무거울 때가 있다.

장애인을 특수하게 취급을 받는 현실을
마냥 곱게 받아드릴 수 없다.

차별의 공간을 만들지 말고
모두가 평범하게 더불어 살아갈 수 있는
환경을 만들어달라고 말하고 싶다.

전혀 다른 세상 사람을 보는 것처럼
이상한 눈으로 쳐다보지 말고
같은 사람으로
더불어 살아가는 세상의 한 사람으로
대접해주기를 바랄 뿐이다.
울타리를 만들어 보호하는 것이 그들에게는

오히려 더 큰 감옥이 될 수 있다.

높아진 울타리가 분리를 의미한다면
분명 잘못된 것이라고 생각한다.

특수학교의 설립과 운용 자체를
문제삼는 것은 아니다.
순기능과 역기능이 존재할 수밖에 없다는 것도 인정한다.

밀어내기만 하는 사회 인식과
장애인을 정상인의 반대개념으로 잘못 알고 있는
현실이 아플 뿐이다.

은행이 하는 일과 이용하는 방법을 교육하기 위해
아이들과 은행에 간 적이 있었다.
번호표를 뽑아 순서를 기다리는데
어느 아주머니 한 분이 아이들을 보며 큰소리를 쳤다.

"여긴 너희들이 올 곳이 아냐.
놀러온 거면 다른 데 가봐야 해.
왜 저런 모자라는 애들을
이런 데 오게 내버려두는지 모르겠네.
에이, 속상해."

내가 가르치는 아이들,
가르쳐 온 아이들이 바로 그런 아이들이다.
그들의 표현대로라면
집안 깊숙이 들어앉아 해주는 밥이나 먹으며
인생도 인권도 없이 사회에 드러나지 않아야 할
비정상이고 모자란 사람들이다.

사회가 성숙하여 전과 같지는 않다고 해도
여전히 그들을 비하하고
저급하게 취급하는 일이 비일비재하다.

사람을 경제적 가치로 산술하고
우위로 사람을 평가하는 사회에서 장애인은
가치 없는 사람일 수 있다.

장애는 누구나 겪을 수 있다.
우리는 모두 예비장애인이라는 말이 있다.

지금 건강하고 장애가 없다고 해서
장애를 안고 살아가는 사람들을 이상한 나라 사람으로
보는 시선은 사라져야 한다.

나영이 이야기 둘

컴퓨터 앞에서 수업자료를 정리하고 있을 때
전화벨이 울렸다.
별다른 생각 없이 일상적인 전화로 생각하고 받았는데
전화기에서 들리는 어눌한 목소리.

"서언생니임, 저 나영이에요."

느리고 흐릿한 목소리를 나는 쉽게 알아차렸다.
선생님이라는 말 한마디에
온몸에 전율이 일 듯 벅차올랐다.

"뭐, 나영이라고?"

도무지 믿어지지 않아 몇 번이나 되물었다.

"네에, 저어 나영이에요."
순간 말할 수 없는 오묘한 환희를 느꼈다.
많은 말을 물어보고 싶었지만
나를 기억해주는 것만으로 고마웠다.

나영이는 내 삶에서 만난 가장 아름다운 아이이다.

전화기를 내려놓고 한동안
벅차오르는 마음을 가라앉힐 수 없었다.

나영이 이야기 셋

1984년 성남혜은학교에서 근무할 때 나영이를 처음 만났다.
당시 교장 선생님은 유아 치료교육이 절실하다는 방침에 따라
유치부와 초등부를 중점적으로 지도하였다.

물론 교육의 필요성을 말하자면
어느 시기가 중요하다고 말할 수 없지만
아이가 사회를 처음 접하는 시기이기 때문에 중요한 것이다.

나영이는 어머니의 작은 등에 업혀 등교했다.
나영이를 보는 순간 지상으로 내려온 천사를 보는 것 같았다.
세상에, 이렇게 예쁜 애가 있다니.

나영이를 본 순간 첫 느낌은
십수 년이 흘러도 기억에 또렷하게 남아 있다.

나영이는 표현언어의 잇소리, 치조음,
경구개음에서 대치와 왜곡현상이 심한
뇌성마비 아동이었다.

신체 발육 상태가 좋지 않아 하체에 보조기를 대고 있었지만
혼자서는 걷기조차도 힘든 아이였다.

그럼에도 어찌 그리 천진난만하고 예쁜지
첫눈에 소스라칠 정도였다.

교사 생활을 하는 동안 아이들에 대한 연민은 어느 정도 적응됐지만
여전히 처음 대할 때의 느낌은 사뭇 아픔이 앞선다.

나영이의 나약한 신체와 연약해 보이는 얼굴은
누구보다 보호본능을 일으켰다.

뒤틀린 손과 발, 일그러진 안면구조,
말 한마디 하기 위해 몸을 비틀고
힘들어하는 아이를 볼 때마다
가슴 밑바닥에서 치밀어오르는 아픔에 살이 찢어지는 것 같다.

보통 사람들은 줄줄 아무렇지 않게 하는 말도
온몸을 비틀어 겨우 할 수 있었다.

그렇게 말 한마디 하기 힘든 아이였다.
이 세상을 어떻게 살아갈지 먼 훗날을
염려하지 않을 수 없었다.

나영이 이야기 넷

한 사람의 장애는 누구의 탓도 아니다.

장애인에 대한 사회적 인식과 복지 수준이 낮은
우리나라에서 국가 정책에 의지할 수 없는
수많은 장애인을 생각하면 가슴이 아프다.

더욱이 주변에서 이 같은 현실을 지켜봐야 하는
가족들은 얼마나 괴로울까.
적어도 내가 가르친 아이들은 모두
내 자식이기 때문이다.

나영이의 전화를 받고
그동안 나를 힘들게 했던 많은 생각들을
송두리째 날려버렸다.

제자의 전화를 받는 일은
일반학교 교사들에게는 자연스러운 일이겠지만
특수학교 교사들에게는 교사 생활 전체에
한두 번도 만나는 것도 행운이다.

특수학교의 교사들은 일반학교 교사보다 보람이 크다.
아이들이 나를 선생님으로 기억해주는지
늘 의문이 들었다.

그런 생각을 할 때마다 더러 자괴감이 들었지만
나를 알아주길 바라는 마음보다는
아이들에게서 나와 함께했던 시간을
찾는 일이 어렵기 때문이다.

내 자신이 초라하게 느껴지고 움츠러드는 것을 숨길 수 없다.

그런데 내가 가르쳤던 나영이가
문예창작과에 다니고 있다는 소식을 전하며
나를 무척이나 보고 싶어 했다는 것이다.
극심한 중복장애를 앓고도
이렇게 아름다운 사람으로 성장했다니, 믿을 수 없었다.
주체할 수 없는 감정에 도취했다.

나영이 이야기 다섯

나영이는 초등학교 2학년 때
열 명의 반 친구들과 지내게 되었다.
다운증후군을 앓고 있는 장난기 심한 남자아이가
반에 둘이나 있었는데 수업을 들을 수 없을 만큼
집중력이 약했다.

더욱이 남자아이들은 나의 저지에도
아랑곳하지 않고 수업 분위기를 망치곤 했다.
힘이 센 아이들이 아우성치기 시작하면
걷잡을 수 없을 만큼 소란스러워졌다.

어느 날
다운증후군을 앓고 있는 두 아이가
서로 다투는 틈에 나영이가 넘어지면서

심한 충격을 받았다.
그렇지 않아도 하체 보조기에 의지하며
팔과 다리에 힘을 전혀 못 쓰는 아이였다.
얼른 달려가서 부축해 의자에 앉혔다.
책상에 머리를 대고 굵은 눈물만 흘리는 나영이를
끌어안고 같이 울었다.
그날따라 나영이가 그렇게 안쓰러울 수 없었다.

정환는 특히 심한 자폐아였다.
신체발달에는 문제가 없어 다른 아이들만큼 건강했다.
기분이 나빠지면 거친 행동을 서슴지 않았다.
선생도 예외는 아니었다.

한번은 학습지도를 하고 있는
나에게 달려들어 의자를 밀었다.
갑작스러워 대처하지 못하고
그 자리에 벌렁 넘어졌다.

정환이의 행동을 재미있어하는 아이들이 있었다.

힘 센 정환이가
서 있기도 힘든 나영이를 떠민 일이 있었다.
행여 부러진 곳은 없는지 살폈다.

울면서 연신 고개를 저으며 오히려 나를 걱정해주었다.

나영이는 체구가 작고 장애를 안고 있었지만
어린아이답지 않게 따스하고 넉넉한 가슴을 가지고 있었다.

정환이는 신호를 무시하고 길을 건너다가
교통사고로 세상을 떠났다.
마음 먹으면 무엇이든 바로 행동으로 옮기는 아이였다.
세상에 어떤 위험이 도사리고 있는지
인지하지 못했다.

소식을 듣고 나를 추스를 수 없을 만큼 힘들었다.

내 잘못인 것 같았다.
잘 가르쳤다면, 좀 더 사랑해줬다면.....
자괴감이 한동안 마음에서 떠나지 않았다.

나영이 이야기 여섯

아련한 기억을 떠올리며 창밖을 바라보는데
갑자기 미안한 생각이 들었다.

생각해보니 아이들에게 파묻혀 나영이를
까맣게 잊고 있었다.
나를 먼저 찾아준 나영이가 고마웠다.

제과제빵 같은 단순한 직업교육이나
인지능력에 따라 컴퓨터 프로그램,
기타 IT분야 기술을 가르치기도 하지만
직업교육을 받는다고 해도
장애를 갖고 사회에 나가 적응하기가 쉽지 않기에
나영이의 전화를 받은 것이 더욱 반가웠다.

"그래, 나영아 지금 어디니?
어머니와 같이 있다고?
선생님이 퇴근해서 분당으로 갈게.
거기서 만나.
나영아 정말 반가워."

퇴근 시간까지 불과 한 시간 남짓 남아 있었다.

물어보고 싶은 것도
눈으로 직접 확인하고 싶은 것도
아주 많았다.

"선생님, 정말 고마워요.
우리 나영이가 이렇게 훌륭하게 잘 커준 건
선생님 덕분이에요.
나영이가 가끔 선생님 이야기를 하거든요.
그래서 큰맘 먹고 학교에 선생님 전화번호를
물어봤어요"

쥐구멍에라도 들어가고 싶었다.

내가 들어야 할 말이 아니라고 생각했기 때문이다.
장미꽃 스무 송이를 받아들면서도

받을 자격이 있는지 스스로를 돌아보았다.
따뜻한 가슴으로 자주 안아주고
보듬어주지 못했는데....

"선생님과 헤어지고 삼육학교로 전학을 가서
조금 있다가 사춘기가 왔어요.
다른 애들보다 빨리 온 편이지요.

명랑하고 활발했던 아이가 갑자기 달라졌어요.

어느 날부터 말도 안 하고 짜증만 내고,
어찌나 힘들던지 이런 말하면 안 되지만
장애아 부모가 아이와 극단적인 선택을 하는
심정을 알겠더라고요.

죽고 싶다는 둥 어디론가 도망치고 싶다는 둥
일기장에 장애를 비관하는 내용이 가득했어요."

이야기는 끝이 없었다.
나영이 어머니는 눈물을 훔치고
지난날의 회한에 작은 미소를 지었다.

"사춘기라는 걸 알고

나영이를 이해하기 시작했어요.

헬렌켈러 여사와 스티븐 호킹 박사 이야기를 들려주면서
신체의 장애보다 나쁜 생각이 더 무서운 거라고 타일렀어요.
신체 장애가 있지만 마음이 누구보다 건강하고
예쁜데 뭐가 걱정이냐고 아이를 달랬죠."

나영이는 애교스러운 눈빛으로
엄마와 나를 번갈아 보며 웃었다.

"그렇게 사춘기를 극복하더라고요.
아마 그때부터 글을 쓰기 시작한 것 같아요.

자신이 가장 잘할 수 있는 걸 찾아보라던
선생님 말씀이 생각났나봐요.
어느 날 저에게 그러더라고요.

"엄마, 나 동화작가 될래.
아이들에게 재미있는 이야기를 만들어주고 싶어.
나중에 대학에 가고 또 대학원도 가서
동화를 잘 쓰는 사람이 될래."

평소에도 책을 많이 읽었지만

동화작가가 되겠다고 말한 다음부터 더 많이 읽었어요."

나영이는 절망과 희망,
도전과 응전, 슬픔과 노여움, 괴로움을
겪으면서도 좌절하지 않았다.
자신을 일으키고 무엇보다 소중한 존재로
여기게 됐다는 말을 하면서 나영이 어머니는
뜨거운 눈물을 흘렸다.

나영이 이야기 일곱

나영이의 손을 꼭 잡았다.

"좋은 글 많이 써서 꼭 훌륭한 작가가 되어야 해.
나중에 우리 나영이가 노벨문학상까지 받으면 좋겠다.
그때는 선생님이 꽃다발 줄게. 약속하는 거야."

자신 있게 새끼손가락을 걸어 화답하는
나영이를 힘껏 끌어안았다.

이 같은 순간의 보람으로
아이들을 가르치는 것인가 보다.

한편 사회에 적응하지 못하고 살아갈
아이들이 모습이 스쳤다.

어디서 뭘 하고 있을지,
막연히 잘 살고 있으리라는 기대를 할 수 없었다.

특수학교 교사 생활을 하면서
오랜 시간 지워지지 않는 기억이 있다.

부모가 이혼하고 할머니에게 맡겨져
노구를 이끌고 매일같이
손자를 통학시키던 할머니,
성폭행 당하고 목숨을 잃은 아이,
살점이 떨어져 나가도록 물리고
교사의 자리를 힘들어했던 일.

그 모든 회한이 나영이와의 만남으로 다시 떠올랐다.
그들이 어디서든 올바르고
건강하게 살아주기만을 바랐다.

"그래, 나영아.
네가 동화작가가 돼서 나중에 책을 내면 선생님이 사서 읽어볼게.
많이 사서 사람들한테 나눠주면서 내 제자라고 자랑할게.
꼭 훌륭한 동화작가가 되어야 해.
선생님이랑 한 약속 지킬 거지?"

나영이의 환한 웃음과
마냥 흐뭇해하는 나영이 어머니를 뒤로 하고 돌아오는 길
발길이 어찌 그리 가볍던지.

나영이 이야기 여덟

어느덧 무더운 여름이 다가왔습니다.
작렬하는 태양 빛 아래,
가물어가는 것들에 걱정이 앞서는 때이기도 합니다.

하지만 우리에게 주어진 모든 순간은
어떤 모습이든 소중한 것이라고 생각합니다.

이 글을 쓰려고 하니,
오래전 소중했던 때의 기억이 떠오릅니다.
제가 초등학교 시절,
교실에서 언어치료를 받던
그때가 말입니다.

장애로 인해 정확하지 못한 제 발음을

한마디 한마디 교정해주시며
따뜻하게 지도해주셨던 선생님의 모습이 떠오릅니다.
저를 지금까지 잊지 않으시고
연락을 주신 선생님, 먼저 감사 인사드립니다.
어릴 때 잘 지도해주시고 사랑을 주신 덕분에
제가 잘 자랄 수 있었고,
부족한 모습이나마
이렇게 꿈을 이루어가며 작가가 되었습니다.

제가 쓴 장편동화 〈햇살 왕자〉는
조선시대 왕이었던 단종의 이야기를
새로운 시각과 모습으로 쓴 픽션 역사동화입니다.

이 글을 쓰며 제가 전하고 싶었던 메시지는
'꿋꿋함'이었습니다.

주인공 위를 통해 어린아이들에게 자신들의 삶에
저마다 나타나는 시련 앞에서도 포기하지 않고,
두려워하지 않으며
자신의 길을 꿋꿋하게 가기를 원하여
이 글을 쓰게 되었습니다.

저도 장애를 안고 살아가며 수없는 어려움과 시련이 있었지만,

매순간 당당하고 꿋꿋하게 살아가려고 노력해왔고,
그 노력으로 여기까지 올 수 있었습니다.

그리고 또한 끝까지 그렇게 살아가려고 합니다.
선생님, 다시 한 번 감사를 드립니다. 감사합니다.

2017년 여름, 나영이 올림
(이 글은 나영이로부터 받은 이메일 전문이다)

나영이 이야기 아홉

정년을 앞두고 생각이 많다.
박사학위를 얻고 이 자리까지 올 수 있었던
모든 영광은 나만의 것이 아니라고 생각한다.
남은 시간동안 뭘 해야 할지 확신이 서지 않는다.

그동안 하지 못했던 여행을 하고 싶다.
선진국의 특수학교를 돌아보고 그 나라 장애인들이
어떤 정체성을 갖고 살아가는지 보고 싶다.

무엇보다 가족들에게 미안하다.
남은 시간이라도 가족들에게 쏟고 싶지만
마음이 자꾸 아이들에게 쏠린다.

어쩔 수 없는 특수학교 교사인가 보다.

나이를 먹거나 여자라서 안 된다는 생각은 하지 않는다.
안 된다는 생각이 장애다.

교육은 나무를 심는 일이다.
내일 지구의 종말이 와도
한 그루의 사과나무를 심겠다는 말처럼,
마지막까지 장애를 겪는 아이들을 위해
무엇이든 하고 싶다.

우리는 커다란 빚을 졌다.
꽃망울로 져버린 예쁘고 착한 아이들의
짧은 생애에 크고 작은 상처를 줬다.
우리와 다르다는 편견을 가지고
따뜻한 말 한마디,
정다운 눈길 한번 주지 않았다.

오늘의 내가 있는 건 그들이 존재하기 때문이다.
그들이 없었다면,
오늘의 나를 만날 수 있었을까?
그들에게 진 빚은 갚을 길이 없다.
생애 마지막 순간까지 특수학교 교사로 남고 싶다.

기회가 주어진다면 다른 나라의

장애인학교 교육에 관심을 보내고 싶다.

언젠가 인도를 여행하며 만났던 아이들과
네팔 안나푸르나 설경 마을에서 만난
뇌성마비 앓고 있던 아이,
일터에 나간 부모가 집의 기둥과 다리를
묶어둔 새끼줄이 유일한 생명줄이었다.
아이 앞에는 달밧이 한 그릇 놓여 있고
배가 고프면 아무때나 손으로 움켜 먹었다.

집 아래는 수백 미터 낭떠러지였고
아이가 할 수 있는 일은 우는 게 전부였다.
기회가 된다면
최소한의 인간다운 삶도 누리지 못하는
아이들을 찾아가 따스하게 보듬어주고 싶다.
뜻을 이루는 과정에서
내가 어떻게 달라질지 몰라 계획만 세우고 있지만
할 수만 있다면 내 생애 마지막 일이라고
생각하고 꼭 이루고 싶다.

지금까지의 내 삶에 감사하고
눈길 가까운 데 머물며 진한 행복을 건네준
아이들에게 감사한다.

나영이 이야기의 주인공 나영 작가

작가 : 나영

1980년에 태어났습니다.

단국대학교 문예창작학과에서 공부했습니다.

2008년 문예지 「아동문학세상」 신인 문학상과 2010년 서울 신문 신춘문예동화에 당선되었습니다.

펴낸 책으로 장편동화 〈햇살왕자〉가 있습니다

나의 제자 춘도

초판 1쇄 발행 / 2018년 5월 1일
초판 2쇄 발행 / 2018년 12월 20일

지은이 김효경
펴낸이 윤형두
펴낸데 범우사

등록번호 제406-2003-000048호
등록일자 1966년 8월 3일
주소 (10881) 경기도 파주시 광인사길 9-13 (문발동)
전화 031)955-6900~4, 팩스 031)955-6905

잘못된 책은 바꾸어 드립니다.

ISBN 978-89-08-12432-5 03810

홈페이지 www.bumwoosa.co.kr
이메일 bumwoosa1966@naver.com

이 책의 수익금 일부는 장애인을 위하여 쓰여집니다.